72時間をあなたの手帳で管理すれば、仕事は劇的にうまくいく

メンタルトレーナー
久瑠あさ美

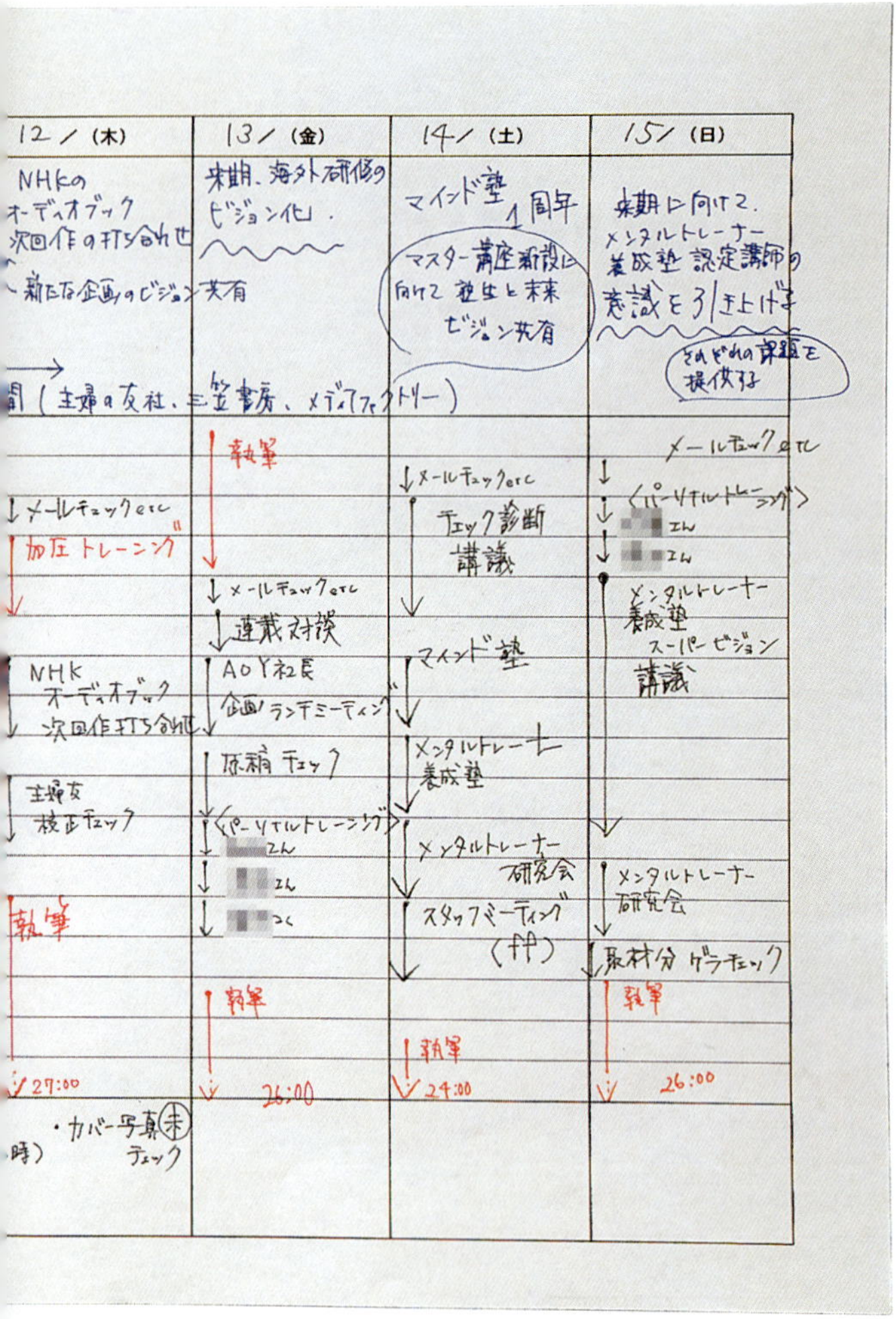
12／(木)
NHKの
オーディオブック
次回作の打ち合わせ
新たな企画のビジョン共有
間(主婦の友社、三笠書房、メディアファクトリー)
メールチェックetc
加圧トレーニング
NHK
オーディオブック
次回作打ち合わせ
主婦友
校正チェック
執筆
27:00
・カバー写真(未)
チェック
時)
13／(金)
来期、海外研修の
ビジョン化
執筆
メールチェックetc
連載対談
AOY社長
企画ランチミーティング
原稿チェック
〈パーソナルトレーニング〉
さん
さん
さん
執筆
26:00
14／(土)
マインド塾
1周年
マスター講座新設に
向けて塾生と未来
ビジョン共有
メールチェックetc
チェック診断
講義
マインド塾
メンタルトレーナー
養成塾
メンタルトレーナー
研究会
スタッフミーティング
(FP)
執筆
24:00
15／(日)
来期に向けて
メンタルトレーナー
養成塾 認定講師の
意識を引き上げる
それぞれの課題を
提供する
メールチェックetc
〈パーソナルトレーニング〉
さん
さん
メンタルトレーナー
養成塾
スーパービジョン
講議
メンタルトレーナー
研究会
取材分 ゲラチェック
執筆
26:00

（1）72時間手帳術の週間スケジュール

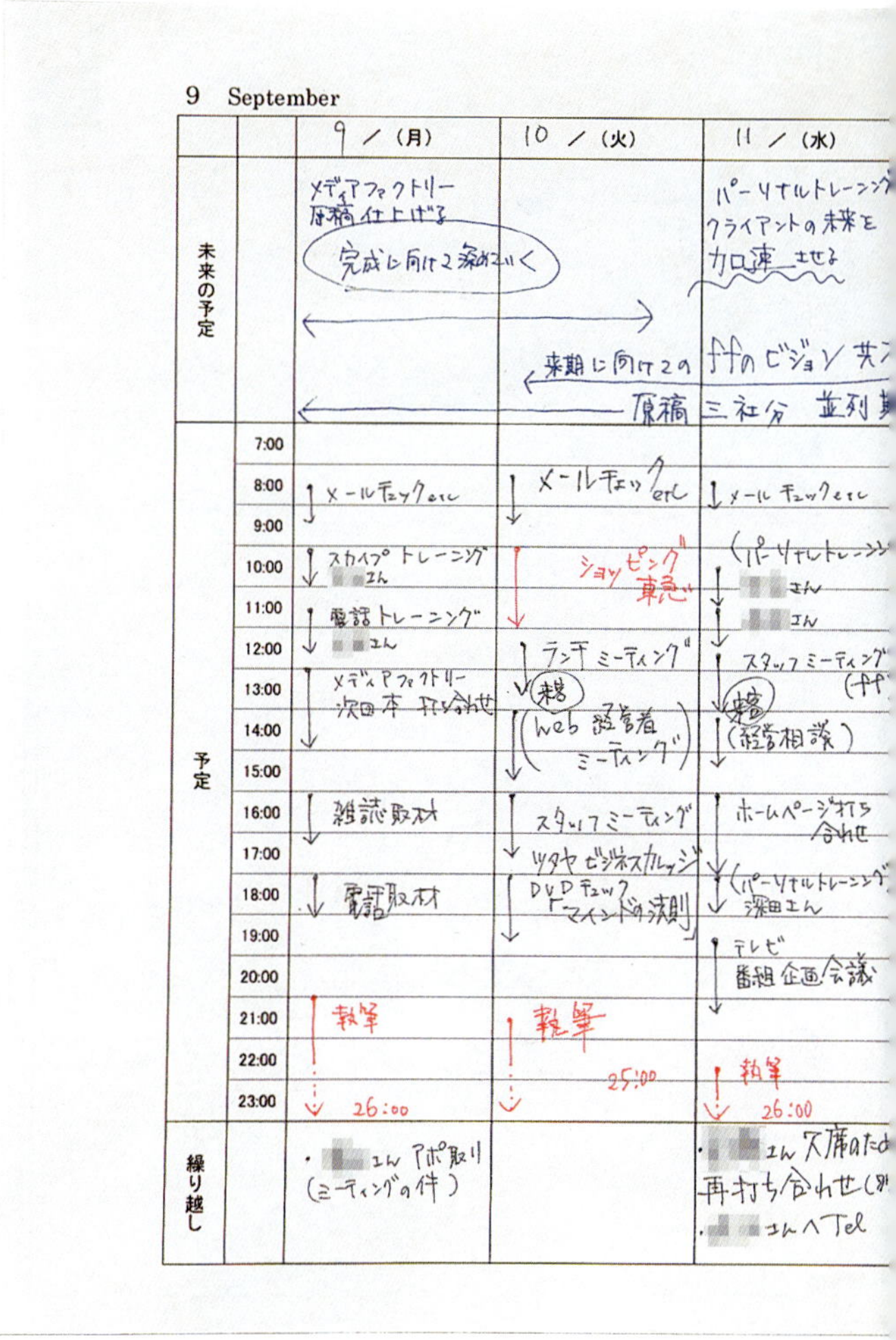

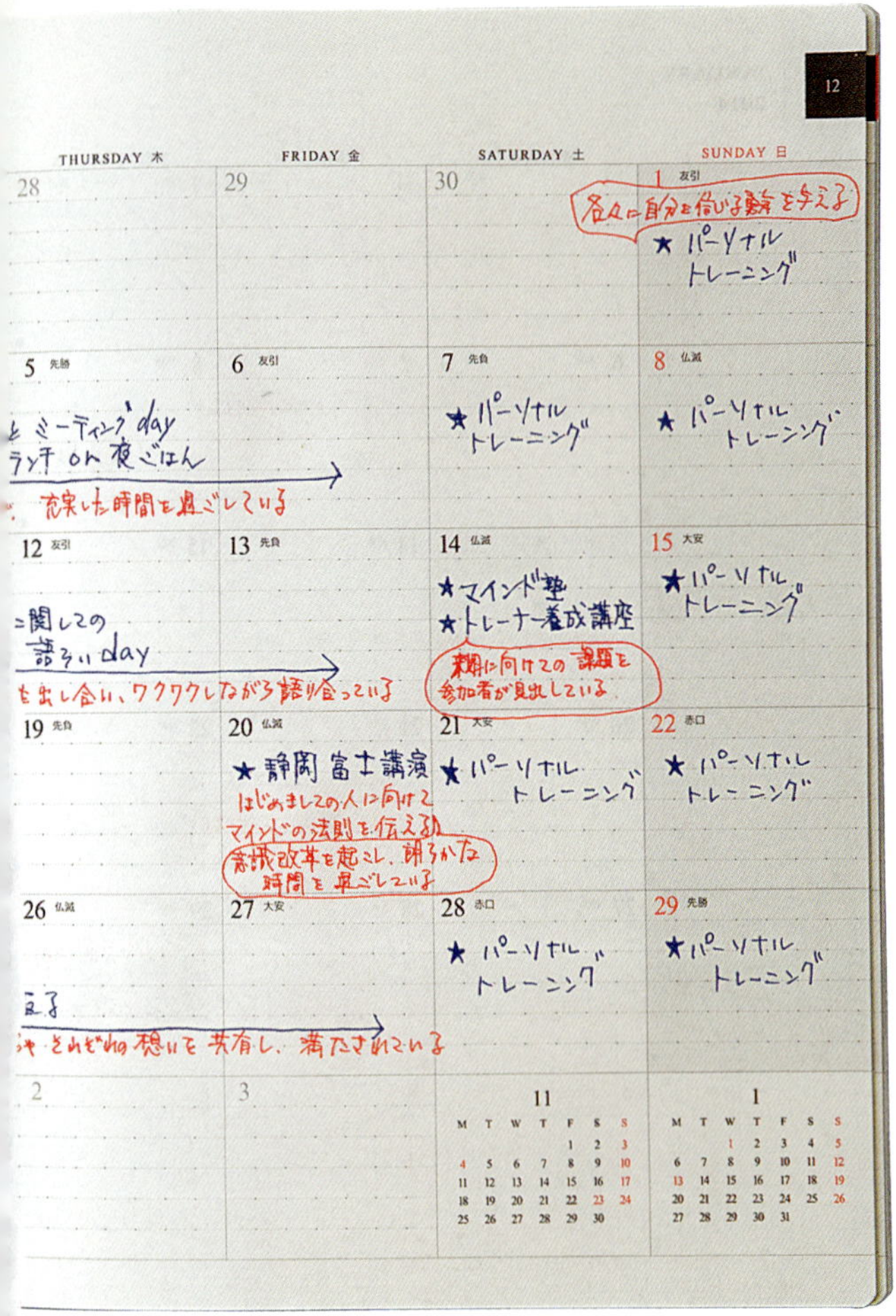

(1)(2)「日経ウーマン」2013年11月号で初出の画像に加筆

（2）72時間手帳術の月間スケジュール

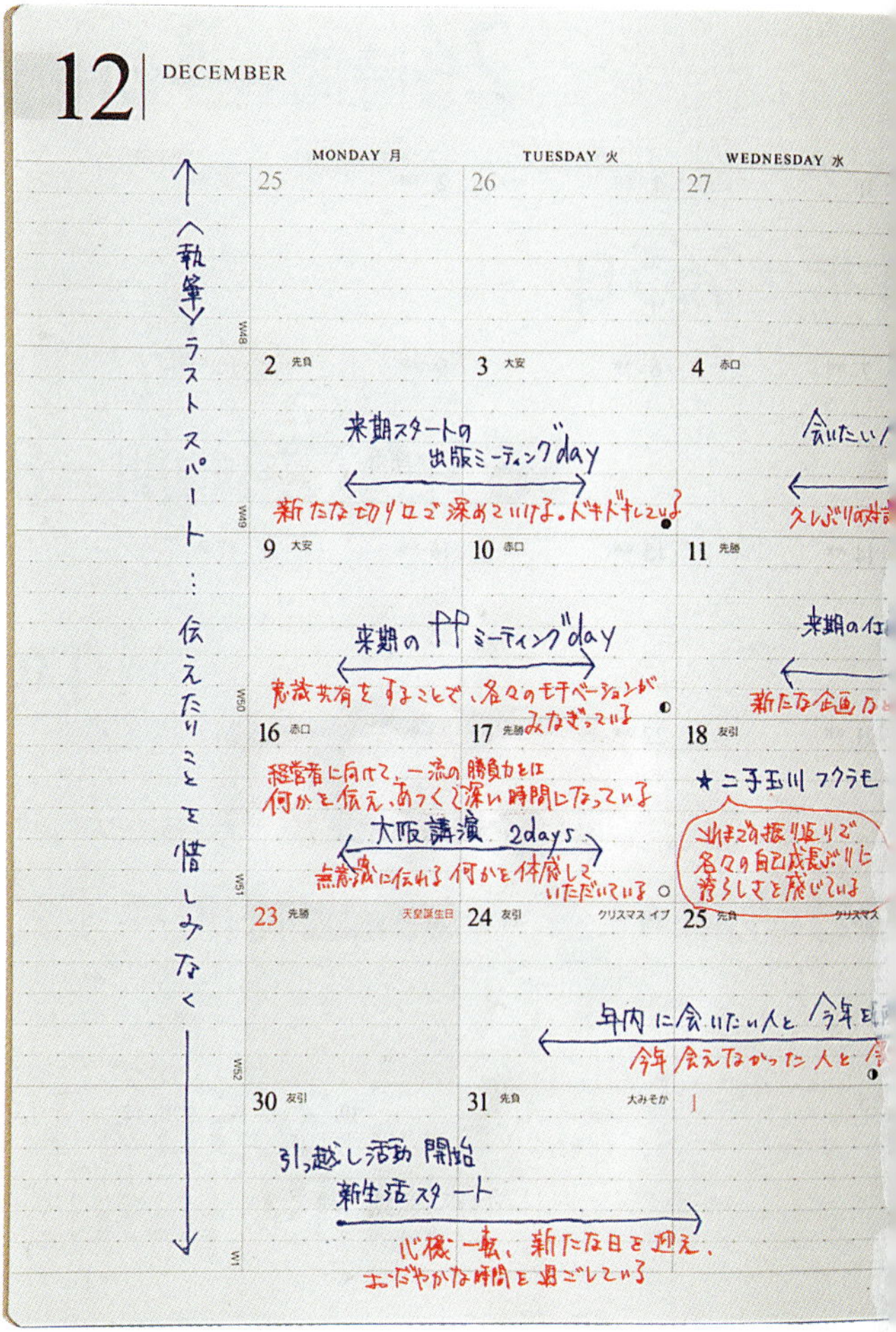

1日＝24時間

24時間×3日＝72時間

1年＝365日

365日×24時間＝8760時間

1年＝8760時間

60時間÷72時間＝121回

365日×1/121＝3日

時間×1/121＝72時間

はじめに
自分の時間を取り戻す

「忙しくて、いつも時間に追われてしまう…」
「もっと、やりたいことをする時間がほしい…」
「気づくといつも時間が足りない…」

そう思っているあなたは、「時間オンチ」な人です。

会いたいときに、会いたい人に会えていない。
行きたいときに、行きたい場所に行けていない。

やりたいときに、やりたいことがやれていない。

タイミングをあなたが外しているから、無自覚な時間のズレが生じているのです。

これらは、音程を外して歌い続ける歌い手と同じです。

基本の音程やリズムがズレている以上、どんなに一生懸命頑張ってもズレる一方。

美しい声をもっているとか、発声ができているとかの以前に音感がズレている以上、何をどう歌ったところで上手くは聞こえない。

仕事も同じことです。

どんなにやる気があっても、発想がピカイチでも、「時間オンチ」だと時間管理でつまづき、タイミングに乗れず、チャンスを摑むことができません。

時間管理ができないのは、あなたがどれほど優柔不断であるとか、真面目であるかないかといった、性格の問題とは実は無関係なのです。

問題なのは、時間感覚がズレているということ。そのズレに気づくことで、時間オンチは誰もが克服できます。

特にビジネスパーソンには、時間管理・予定管理の問題が常につきまといがちです。仕事もプライベートも充実させたいと願うのは当然のこと。けれど、一つひとつの仕事や物事をちゃんとやろうと努力すればするほど、自分の時間を犠牲にして〝期限〟に間に合わせることだけで精一杯になってしまう。そうしているうちに、ストレスがたまり、どこかでいつも不満を抱えて毎日を送ることになってしまう。

こうした悪循環に、多くの人が陥っているのではないでしょうか。

「もう、時間に振り回されたくない」
「自分の時間を取り戻したい」
「時間オンチをなおしたい」

もし、あなたがそう思うのなら、最も効果的なのが、時間に対する概念と時間の扱い方を根本から変えてしまうことです。

この本では、それを可能にするための手帳を活用したトレーニング法をお教えしていきます。

キーワードは「72時間手帳術」。

24時間×3日＝72時間＝8760時間（365日×24時間）のうちの1／121

このたった1/121の時間を管理できれば、ギュウギュウ詰めで苦しい、今のあなたの人生はスムーズに回っていくようになります。

1年先の自分の時間も楽々と、今から管理することができるようになります。

あなたの72時間を手帳で管理すれば、仕事は劇的に上手くいく――

それはなぜなのか。どのように手帳を使っていくのか。

そもそも、なぜ人は時間に追われてしまうのか。

本書でじっくりとお伝えしていきましょう。

目次

第4章 72時間手帳術で書き込んだ予定とのつきあい方：8つの極意

第5章 自分の時間が見えれば、他人の時間も見えてくる

おわりに

序章

「時間オンチ」は
「時間のトリック」にはまっている

なぜ、あなたは時間に追われてしまうのか

あなたの手帳の1ページを思い浮かべてみてください。そこには、どんな予定が書き込まれているでしょうか。

「書類の提出は明日の5時まで」
「来月は新規プロジェクトが開始する」

締め切りの迫った仕事の予定や「やらねばならないこと」で埋まっている。
それとも、休日には楽しい予定が入り、「やりたいこと」をする時間で溢れている。

ここで改めて、質問をします。

あなたは自分の手帳を思い浮かべたときに、ワクワクするでしょうか？

「ワクワクなんてしない」。

残念ながら、「時間オンチ」になっているあなたは、こう答えるでしょう。


日々の予定をぎっしりと手帳に書き込んでいる。

常に時間の管理に気を配っている。

にも関わらず、いつもなぜだか忙しく、時間に追いかけられてしまう。


「やりたい仕事でワクワクする時間」

「家族や友人とのんびり過ごす時間」

「趣味にゆったり没頭する時間」

そんな時間は夢のまた夢。この先もきっとやってこない気がする……。

諦めモードでそう感じてはいませんか。


そもそも、なぜ、あなたはこんなにも時間に追われているのでしょう？

実は、その答えは単純です。

人間は目の前にある「やらねばならないこと」にどうしても囚われてしまうからなのです。現実の業務に手一杯になっていると、先のことをイメージする余裕をなくし、気づけば、全てが後手にまわって、やりたいことをする時間を確保できなくなっていく。やがて、どうにかできる「未来」ではなく、どうにも動かしようにない「現実」に縛られていく。目の前に時間がさし迫るほど、私たちのできることは少なくなるからです。一見、人間にとって1年先などの「遠い未来」はコントロール不可能な時間のように思えます。けれど、本当は目の前の1時間先の方が人間にとって、はるかにコントロールが難しいのです。

これが「時間のトリック」にはまった状態です。

人間が感じる時間というのは、「ある」か「ない」かの2つだけです。「時間がある」と感じると「できる」と思え、実際にできる確率を上げることが可能です。一方で、「ない」と感じると、できるかもしれないことも「できない」と思ってしまい、行動することができなくなります。実際の時間があるかないかは問題ではなく、人の意識が「ある」を選択するのか、「ない」を選択するのかで、未来の行動は自在に変化するのです。

例えば、今日、自分は東京にいて予定が既につまっているところに、「これから大阪に来れませんか」と重要なクライアントから連絡が入ったとします。

あなたならどうしますか？

とりわけ時間オンチな人は、

「今日は先約が入っていて時間がないので、難しいです」

「今日はちょっと…来週でいかがでしょうか」と空いた時間で、その重要な商談のアポを取ろうとしてしまうでしょう。つまり、時間は「ない」を選択するのです。

実際、それによってクライアントは「あなたとの関係は、今後考え直したい」とはもちろん言わないでしょう。けれども、こうした場合、時間管理のマスターは、時間がまったくないにもかかわらず、イエスと言います。なぜなら、時間のフレームを外すことで「ない」時間を「ある」に変えてしまうからです。

「今日中にとにかく仕事を終わらせて、何とか最終で大阪に向かいます。明日の朝一番のお時間をいただけないでしょうか」といった具合に。つまり、この人は「ない」のに「ある」を選択するのです。

彼は、既定のスケジュールを無理に変更したり、自分の睡眠時間を削ったりもしていません。にも関わらず、相手の「無理を覚悟の要求」に楽々応えることができる。この仕事はきっとスムーズにいくでしょう。

あなたは「これから大阪に来れませんか？」と言われたとしたら、どう感じたでしょうか。

「全然、無理むり」

「時間が空いていれば」

そう思ったとしたら、おそらく大阪に行く時間は、あなたのもとには永遠にやってこないでしょう。何もする前から「できる気がしていない」あなたのマインドが、既に限界をつくってしまっているのです。

「時間がないから、できない」多くの人はそう言います。

「できないこと」を「できる」に変えていく人は、時間が実際にあるないに関わらず、「できたら、凄い！」とワクワクします。この大阪に最終便で行く人の場合、クライアントから話しを持ちかけられたとたんに、もう既に自分事になっています。「なんとかしたい」と思うことで、他人時間も自分時間になっていきます。起こった出来事に対し、「ねばならない」と思ったとたん、自分時間は他人時間になってしまいます。**自分に起こる全てのことを、自分時間として捉えるか、他人時間として捉えるかで未来が変わるのです。**

自分以外の他人の時間も、自分時間にすることで、
「最高に面白い」
「これをやってのける自分って凄い」と無理難題であればあるほど、スイッチが入る。誰もができる想定内の範囲のことではなく、誰もやらないであろう想定外のこと。そこに向き合う瞬間、時間管理のマスターたちは、自分時間を自在に伸び縮みさせてしまうのです。

その瞬間、無我夢中のモード全開で、仕事モードから一気に、自分モードにギアが入ります。すると、大阪への移動の時間、大阪泊の眠りにつく時間も、全てが自分時間になっていきます。時間を奪われたとは決して思わないのです。

自分の時間を24時間で捉えていないので、日付をこえて、移動時間にあてただけ。そう捉えます。24時間を使い切れば、24時間の限界を超え、25時間、26時間、やがては48時間、72時間と連続性のある「未来の時間」を先取りして活用していきます。

普通なら、スケジュール欄の朝6時〜夜23時が仕事時間の基本。それ以外は意図的に休止させている状態です。

けれども、「今日、大阪で会いたい」と言われたとたん、この人のなかに「できそうもないこと」に挑戦するワクワク感、「何とかしたい」気持ちが生まれ始め、「明日の朝一なら」という発想になるのです。そして、「今晩の時間で移動すれば、まだ間に合う」という結論に瞬時に至るのです。

「無理むり」ではなく、無理をどう「できる」に変えるかが、人生の醍醐味。そう捉えるのです。

「どうはみ出すかが、最高に面白い」

「はみ出た時間こそ、価値ある時間」

そんな風に捉えられるのが時間管理のマスターたち。

そもそも彼らは、「できないことを、できるにする」ため、「できない」自体を、ネガティブに受け止めていないのです。できないこと、つまり失敗を恐れている人は、永遠にできないことを自らやろうとしないがゆえに、時間の限界も、自分も超えられないでいるのです。

時間管理のマスターは、忙しい仕事の合間の何げない息抜きすらも上手です。仕事の合間のわずかの時間を見つけだして端切れをつなぐように、時間を無限に生み出します。どんな瞬間も、「できるかどうか」ではなく、ワクワクする「やりたいこと」の方を選んでいるから。**無意識に「ない」ではなく「ある」を選択し、楽しい時間を伸ばして、つまらない退屈な時間を縮めてしまうのです。**

時間オンチな人ほどはまる「時間のトリック」

時間オンチな人は、
今「やるべきこと」を優先させる。
先のことや「やりたいこと」を後回しにする。

目の前の「やらねばならないこと」をまずこなすことに責任を感じる。職場だけでなく、家庭でも時間に追われてしまう。

時間オンチな人は、朝起きた瞬間からさっそく、「やらねばならないこと」を探し始めます。目覚めるが否や、「やるべきこと」を思い浮かべ、真面目に現実に向きあおうとするがあまり、起きぬけに今日のスケジュールをさっそくこなし始めます。

「8時のバスに乗らなければ、マズい」

「ゴミを出さなければ、いけない」

「朝一番でクライアントに電話を入れなければ、ヤバい」

という具合に、「やらねば」とそれにまつわる「危機感」に、あっというまに絡めとられ、今日も明日も延々と時間に追いかけられ続けます。ひとつの「やらねば」が終わったとしても、次から次へとくる「やらねば」の山は、いっこうに小さくなる気配はありません。まるで「やらねば」をやり尽くすことが、人生の目的であるかのように遂行する。

こうなると、人間は先のことを考える余裕を、すっかりなくしてしまいます。そして、気づけば、ひたすら仕事や家庭という現実生活を送るのに必死で、「やりたいこと」をやる時間などなくなっていく。あるいは、「ない」と思いこむことで、諦めようとするようになるのです。

こうした時間のトリックにはまると、自分では真面目に「今、やらねばならないこと」を優先し、頑張っているのに、全てが後手にまわっていきます。やがては「できないことだらけ」のスパイラルから抜け出せなくなって、無自覚な時間オンチになってしまうのです。

既に過ぎ去ろうとしている「今」の時間に必死に追いつこうとするから、常に満たされない思いで「時間がない」という喪失感に陥っていく。

真面目であればあるほど、時間に追われ、

「もっと時間がほしい」

「自分は足りていない」

という思いを強くしていきます。

多くの人は時間のトリックにはまっていることに気づかずにいて、「時間の限界＝自分の限界」と思い込んでしまっているのです。

その最大の代償は、仕事や人生を変えるようなチャンスを無自覚に見逃すことの方です。

仕事の合間も「アソビ時間」を創り出す感覚がある人なら、どんなに忙しくてもこうしたことにも素早く対応し、チャンスをつかむでしょう。「アソビ時間」を持てない真面目な時間オンチは、どうでしょうか。

今に囚われ、時間に追われてみすみすチャンスを逃すことになる。

会社や家族にまつわる「やらねば」、その他の「やらねば」が追いかけてくるせいで、その人の時間はどんどん消耗させられてゆく。幸せを感じあうために一緒に暮らしているはずの家族も、やがて自分時間を奪う対象となるのです。

そして、親になったり、役職が上がってリーダーとなったとしても、「自分の時間さえ管理できないまま、他者を導く役割を担わなければならない」という奇妙なスパイラルに巻き込まれていってしまうのです。

「72時間手帳術」で時間を先回りする

時間を一生懸命に管理しているはずが、時間に管理・支配されていた。それがこれから先も延々と続くのを想像してみてください。

これまでのあなたの時間は、どうでしょうか。

そこから抜け出すためには、自分の時間の流れを逆流させる必要が出てきます。「時間のトリック」にはまることで、今に囚われ、今を追いかけるのに必死になるあまり、未来のことを考えられなくなる。そうして、未来の予定を決めていないから、気づいたときには、その未来だったはずの時間も、目の前に迫りくる「今」という現在になり、どうしようもなくなってしまう。

そうであるならば、既に決まって動かしようのない今の予定を追いかけるより先に、まず「アソビ時間」を持てる人のように、時間は「ある」として、まずは未来の予定を決めてしまうこと。

このトレーニングは優柔不断で決断力のない人にも効果的です。性格を変えることなく行動自体を変える。それが私のメンタルトレーニングです。

優柔不断な人は優柔不断だから決められないのではなく、決断のタイミングがズレるから、優柔不断な行動になっているだけなのです。

それゆえ、このズレを矯正することで、優柔不断な性格のまま、ベストタイミングで決断できるようになれるのです。

「やらねばならないこと」が書かれた手帳に長年親しみを覚えている人は、「したいことを書いてください」と言われても、なかなか書き出すこともできません。

「したいことをする」この習慣を身につけてしまえば、今に追いつくのではなく、時間を先回りして、キャッチすることができるようになります。全てが後手にまわっていくスパイラルから抜け出し、誰もが時間管理のマスターになれるのです。

この「未来を先回りしてキャッチする」感覚をつかむために、私が提案するのが「72時間手帳術」なのです。

人間は、「時間がある」という感覚をもてると、物事の達成率を上げられます。そのため、「時間がない」というネガティブな感覚から抜け出すことが必要です。そこで、これまで1日＝24時間でやるべきと思っていたことを、3日＝72時間でやることにします。24時間で行動するのと、72時間で行動するのでは、どちらが時間に余裕があると感じられるか、そして、「できる」と思えるかは明らかです。

「時間がない」という心理的な壁を破るために、これまで24時間しかなかった1日のフレームを物理的に広げて、72時間というゆったりとしたフレームをもたせることで、時間に対して「余裕がある」という感覚をもてるように、マインドセットアップするのです。

そのマインドで「72時間手帳術」を実行していきます。なぜ、ここで手帳を使うのかというと、普通、時間は見えないものなので、意識しなければ感じることさえできず、その存在を認識するのは、難しいものだからです。日常では、締め切りや、約束といったタイムリミットが迫ってきてはじめて、時間という存在を認識することになります。そのために、気づいたときには手遅れになっていたり、「あったはずの時間を無駄にしてしまった」そんな気がして、ますます落ち込んでしまうのです。

手帳を開くと、先々の時間が実際に書かれていることで、この先やってくる未来の時間を「可視化」することができます。手帳は未来の意識できていない時間を、意図的に意識化していくためのツールなのです。

3日先を見ながら行動するようになるこの「72時間手帳術」を活用すれば、時間に追われる原因となっていた、目の前のことに囚われてしまうクセや、時間オンチを克服するための時間感覚を磨きあげていくことが日常のなかで始められます。

これまでのあなたの手帳は、1日が「やらねばならないこと」で埋め尽くされた手帳だったかもしれません。そんな手帳なら、誰だって手帳を開くたびに、ウンザリしてしまいます。「やらねばならないこと」を常につきつけて、今という現実に自分を縛りつけ、まるで自分を痛めつける敵のような存在になりかねません。

手帳で時間を管理していたつもりが、逆にあなたの手帳によって、あなたが時間に管理されていたのです。

一方で、72時間手帳術は、あなたの時間を取り戻し、自分時間を自在に扱えるようになるための心強い味方になってくれるのです。

第1章

1日24時間のフレームを外す

ステップⅠ　72時間で1日分の予定を捉える

「大人になると、時間が早く経つ」
「子どもの頃はもっと、ゆっくりと過ぎていた気がする」
「同じ時間でも、短く感じるとき、長く感じるときがある」
「自分の時間はたっぷりあるのか、ないのか」

時間は誰にでも平等にやってくるにも関わらず、時間がないという感覚をもつ人と、あるという感覚の人がいる。

時間には、いわゆる物理的な「時計の時間」と体感的な「心の時間」があるからです。

一定の時間をどう感じるかは、人間のマインド次第なのです。

それは、人の感じ方次第で変わる＝自在に変えることができるということ。

私たちのマインドは、物理的な時間の制約から、なかなか逃れることはできません。

現実的に時間が迫ってくると「時間がない」と思ってしまう。

それならば、この時間の制約自体を外してしまえばいい。

これが、私が72時間手帳術を思いついたきっかけでもありました。


時間の制約のなかでも、最も身近に私たちを縛るのが「1日＝24時間」というフレームです。忙しい人にとっても、そうではない人にとっても、もちろん今日中といえば、日付が変わる深夜24時まで。そんな制約があるからこそ、

「今日は、もう時間がない」

「今日中には、できない」

という思いを強固にさせてしまうのです。

ここから逃れるには、1日の予定について考えるとき、「24時間×3日分＝72時間」、
つまり、1日24時間では、はみ出る業務の行き場を設ける。というまったく新しい時

間の概念を、自分のなかにつくってしまうことです。これだけで、自分のスケジュールに前もって、「余裕を生み出す」ことができます。

人は「時間がある」と思うと、現実にも「できる」と思えます。未来に「希望」を持てるようにもなります。時間が「ある」と感じることで、「できる」と感じられることも増えるため、落ち着いて物事に取りかかれます。「できない」と感じている1分が、「できる」と感じる1分になることで、1時間の濃密度、つまり集中力が変わり、その時間にできることのクオリティーが圧倒的に変わるのです。

このように、24時間＝「1日でやる」と捉えるのと、72時間＝「3日でやる」と捉えるのとでは、時間に対して抱く感覚に雲泥の差が生まれます。

72時間とは、ニューヨークに行って帰ってくることもできるくらい、「時間がある状態」。24時間では諦めがちな「できそうにもないこと」を「できそうなこと」へと変換する有用なトレーニングとなります。時間のトリックが自然に外れるので、自ずと時間に余裕を感じて、先のことも考えられるようになるのです。

72時間手帳術は、「時間がないから、何もできない」という思い込みを外し、「時間はこんなにある。だから、諦めることなんてない。何だってできる」と、発想を転換させるきっかけを生み出します。そう思うことができれば、時間に追われる感覚が減り、余裕のある時間を生み出す時間管理のマスターへと近づくことになります。

24時間で捉える人／72時間で捉える人

「24時間ではなく、72時間のフレームで捉える」と決めた瞬間に、その人の時間感覚は、劇的に変わり始めます。24時間で捉える人と、72時間で捉える人の時間の感覚の違いを、具体的に比較してみましょう。

24時間で捉える人は、いつもたった1日という24時間という限られたフレームで、できる範囲内で物事をやろうとします。すると必ずはみ出た「やり残し分」が毎日生じます。３日経てば、×３で、３倍のやり残し感が募ります。そうして、常に忙しさは続き、「時間が足りていない」という感覚に陥っていくのです。

そのため「やらねばならないこと」をさしおいて、「やりたいこと」をすることに罪悪感さえ感じてしまいます。それゆえ、やりたいこと自体を感じないように、自分を抑圧してワクワクする自分時間を、人生から遠ざけようとする。無意識に自分を鈍感にして、脇見せずにはみ出た「すべきこと」に自分時間をあてがうのです。そうやって、何とか時間のつじつまをあわせようと頑張るのです。

一方、72時間で捉える人は、24時間×３日にすることで、日付が変わり、一日が終わることで生じる、やり残し感から自分を解放できます。子どものときに感じていた「今日が最高に楽しい」「無我夢中で楽しむ」あの感覚を取り戻すことができます。締め切りや時間に追われ、楽しむ余裕をなくした、仕事モードから開放されます。やり残しを取り戻す明日ではなく、やりたいことを楽しむ明日を過ごせるようになれるのです。

72時間のフレームで捉えることで、１日＝24時間という制約を外すことが無意識にできるのです。

例えば、デートの約束がある日の、終業1時間前に「どうしても、明日までにお願い」と仕事を頼まれたとしましょう。24時間で捉える人なら、「あと1時間しかないのに…。デートをキャンセルしなきゃ間に合わない」と思うでしょう。

こんなとき、時間管理のマスターは、仕事もデートも両方こなします。

間際に頼まれた仕事が終わらずにいても、楽しみにしていた自分時間を犠牲にしたりはけっしてしてしまいません。そもそも上司が望んでいるのは、「明日までに仕上げてほしい」ということ。デートをキャンセルして、恨まれたいなどとは思ってもいない。できれば笑顔で「できました！」と言われたい。そう思っているはずです。

ここで重要なのは、明日までに仕上げることのできる、自分になるためのエネルギーを内側から生み出せるかどうか。いわゆる「やる気」「モチベーション」です。これらを引き出す能力が高いと潜在能力は発揮されやすくなり、「できそうにないこと」を「できる」に変えていけるのです。

そこで、このエネルギーを引き出すために、1日24時間のフレームを外し、今日と明日をぶつ切りの時間とせず、地続きの時間として捉えてみる。この発想をすることで時間に余裕が生まれ、「できないこと」も「できること」に変えていけるのです。

デートによって、「楽しい時間を過ごせた、この調子で今夜頑張って明日までに仕上げるぞ」とそこでチャージしたエネルギーを活用することで、仕事も楽々こなす。

自分時間を充実させると、時間に追われなくなります。「やりたこと」をする時間が、いかに自分の内的エネルギーにつながるかという感覚がつかめると、不思議と「やれること」もまた増えていきます。

72時間のフレームで捉える人は、時間を柔軟に伸び縮みさせ、自分の能力の限界を勝手な時間内に決めてしまわない。そのため、頼まれた仕事も断らなくなります。結果として、周囲から高い信頼を得られます。限界をつくらないからこそ、新たな人や仕事と出会い、成長するチャンスにも恵まれます。物事の優先順位が変わったとして

●72時間で行動する人と24時間で行動する人の違い

24時間で行動する人

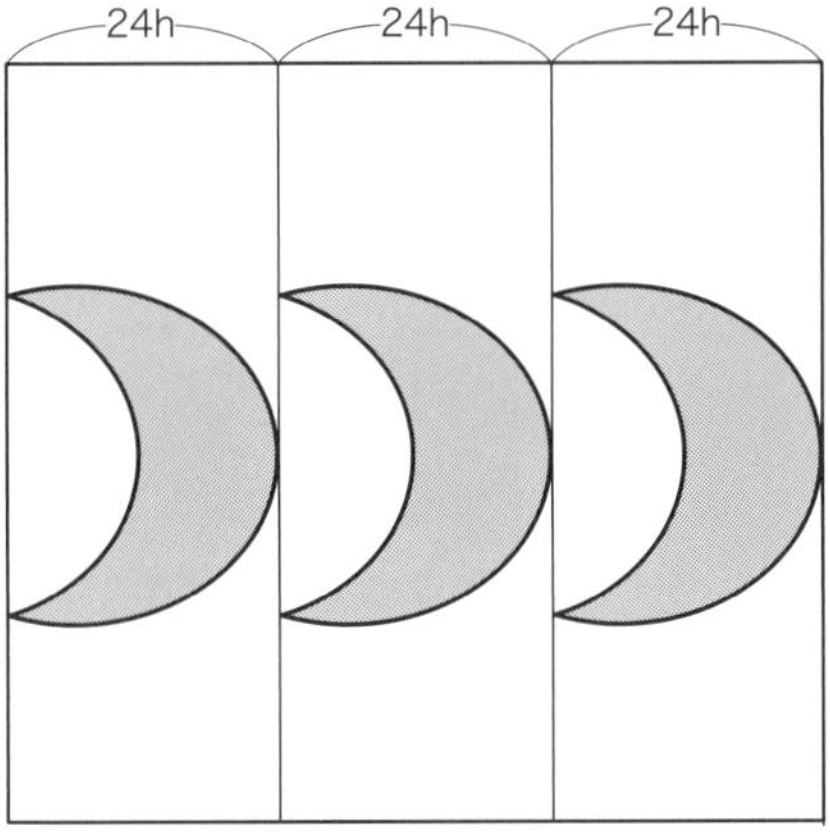

1枚の布地からは小さな月の型を、3枚に布地をつなぐことでより大きな月型をとれる

72時間で行動する人

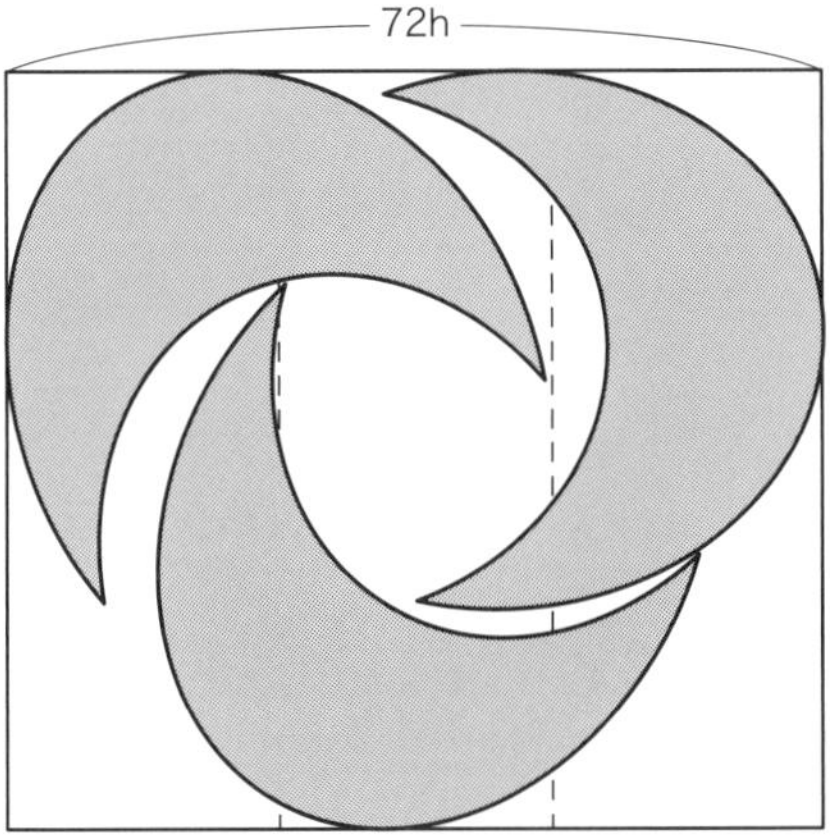

72時間で取り組むと24時間でできないことができる。

も、その変化を受け入れ、対応できます。

72時間のフレームで捉えるということは、時間の制約を超えることであり、時間に追われなくなると同時に、自分の限界を超えることでもあるのです。自分を超える瞬間に自らの潜在能力は引き出されます。それゆえ「できないこと」を「できる」にする自分になれるのです。

誰もが、72時間手帳術をマスターすると、

「無理だ！」

「あり得ない！」

「絶対できない！」

このようなあなたがこれまで、諦めたり逃げ出したくなるような「できそうにないこと」を「できる」に塗り変えていく。そうすることで、なんだってできる凄い自分になれるのです。

ステップⅡ　「やりたいこと」を優先して予定を決める

72時間手帳術では、「やらねばならないこと」ではなく、「やりたいこと」を優先して、予定を決めることを基本としています。**自分時間を上手に活用できている時間管理のマスターは、「やらねばならないこと」より、「やりたいこと」を優先し、そこに時間を割きます。そのほうがずっと速く、圧倒的に充実した時間を過ごせるからです。**

けれども、時間オンチになっていると、働く上での「やらねば」をさしおいて、こうした「やりたいこと」に向かうことに抵抗を感じます。「やらねばならないこと」から、「やりたいことをやる」という発想に切り替えることすらできずに、退屈な時間を過ごしてしまうのです。

多くの人は、

「テレビを見るのは、宿題が終わってから」

「やることをやってからにしなさい」

そんなセリフを聞きながら大人になります。子どもの頃から、家庭や学校生活のなかで、「やりたいことよりも、やるべきことを先にやりなさい！」と教育されてきているのです。

それゆえ大人になった今も「やらねばならないこと」＝ｈａｖｅ ｔｏの物事には、何かと「やらされ感」がつきまといます。そのため、気持ちが後ろ向きに作用し、行動する際の勢いやエネルギーがそがれてしまいがちです。一方、「やりたいこと」＝ｗａｎｔの物事は、自発的なエネルギーが湧き起こるので、気持ちが前のめりになります。それゆえ、「ねばならない」を意識的に「やりたいこと」に変換させることで、人間のパフォーマンスは飛躍的に向上させることができるのです。

ステップⅢ　未来を常に意識する

72時間手帳術では、常に未来を意識することを重視しています。

なぜ、それが大事なのか。

ここで、「緊急と重要のマトリックス」（39ページ）でより論理的にひもといてみましょう。

（A）の「緊急ではないが重要」な仕事とは、「未来」に関わるクリエイティブな仕事です。この先の未来においての可能性を広げていくための根幹的な業務のこと。まだそのタイミングではないが、価値ある何かを生み出している状態です。

（B）の「緊急で重要」な仕事というのは、未来に関わる現在において一刻も早く「やらねばならない」業務のことです。今処理しないとチャンスを逃し、タイミングにのせられたら、利益を生むといった緊張感漂う失敗の許されない状態です。

「緊急だが重要ではない」（C）の仕事というのは、過去のやり残した業務。放ってはおけないが、重要度は低い。早めに処理しないといけないレベルのこと。もう手遅れになりかけているから、それにあたったとしても、既にマイナスを生み出し始めている。食い止めなければマズイ状態です。

「緊急でも重要でもない」（D）の仕事は、現状もうやってもやらなくてもさほど影響のない状態の仕事。既に価値のなくなった仕事であり、今現在においては、どうにもならない、過去に対処すべき業務。過去を振り返る間が無駄な時間なので、未来にとって必要のない業務となります。

いわゆる仕事がデキル、時間管理のマスターは、現実の時間を過ごしながら、未来、何をするかの企画やプロジェクトに関わり、「緊急ではないが重要」な（A）の仕事を担います。時間オンチの人は、たとえ（A）の仕事を任せられたとしても、タイミングを逃し、空白な時間を過ごすことで、（A）から（B）、（B）から（C）へと仕事そのものの価値を下げていってしまうのです。

これは能力が高い低いではなく、もちろん性格の問題でもなく、時間そのものの感覚がズレてしまっていることに起因しているのです。

時間に追われ、忙しく働きまわる時間オンチの人の多くは、「緊急で重要」である（B）の仕事を一生懸命こなしがちです。（B）の仕事をしているということは、既にもう時間が「ない」を意識し始めて、時間に追われる連鎖にはまり始めています。それは時間オンチの始まりでもあり、既に要注意状態。

●時間に追われると業務の価値が下がっていく

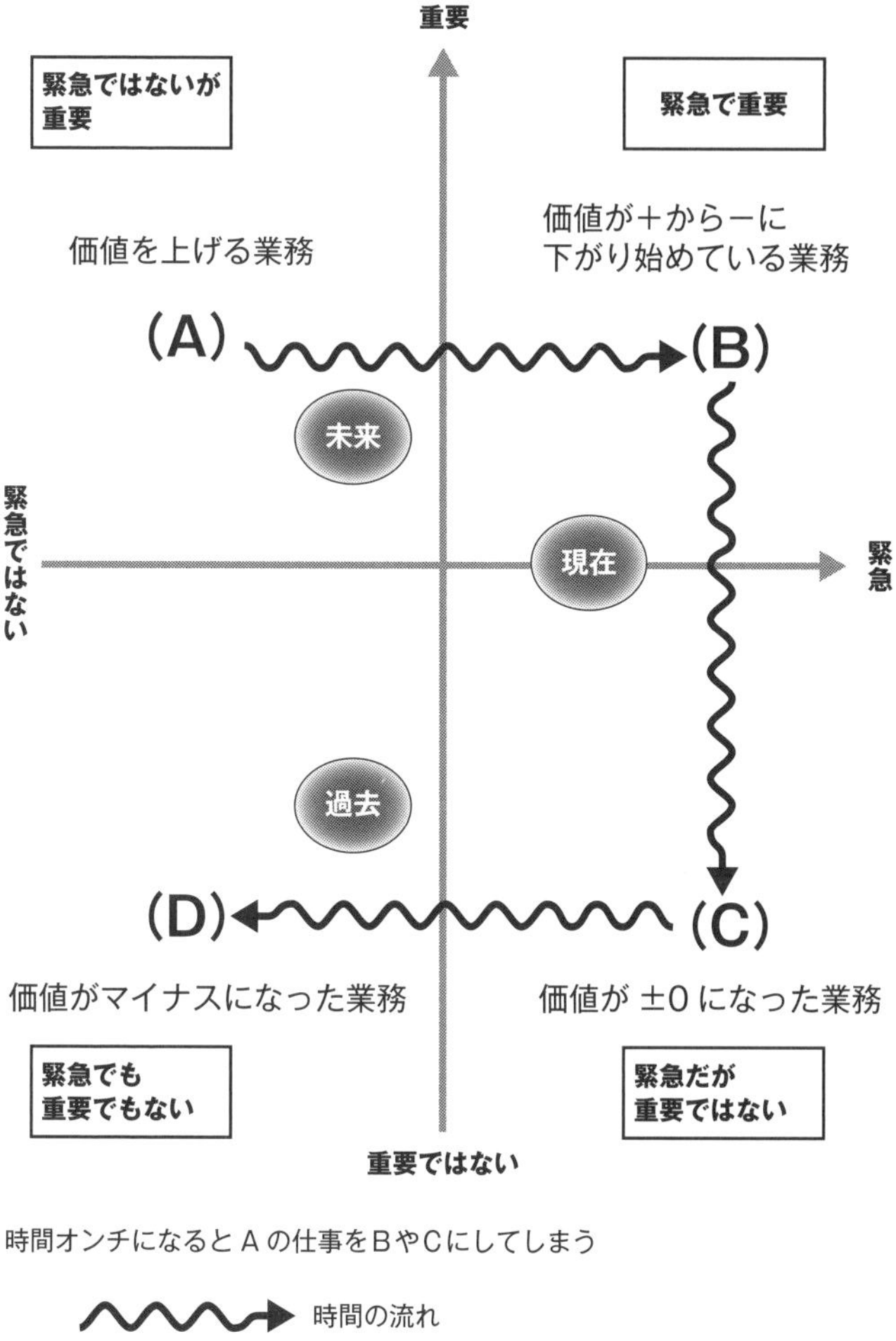

時間オンチになるとAの仕事をBやCにしてしまう

なぜなら、（B）の仕事も1か月前であれば、まだ未来における「緊急ではないが重要」な（A）の仕事だったはずです。時間が迫ってきたことで、緊急性が増して（B）になったわけです。

時間オンチであることで、全てタイミングがズレてしまい、ネガティブな連鎖が始まります。（A）の仕事が（B）になり、（B）の仕事が締め切りの日にできていないどころか手遅れになった（C）になり、やがて施しようのない業務（D）をつくることになります。例えば、楽曲にしたって素晴らしい曲をオンチの人が歌えば、不協和音に聞こえます。ズレている人が担うと、無自覚にも全ての価値を下げてしまうことになる。

時間オンチも同じこと。

だからこそ、今という現在において、やってくる未来を常に意識して生きる必要性があるのです。

記録メモや計画表にしない

「今日は何をする」

「いつまでにこの仕事を終わらせる」

あなたはこれまで「過去」に立てた計画を粛々と遂行するために、こうした「やらねばならないこと」を手帳に書き込んでいたのではないでしょうか。まるで、会社の事業計画書のように——。


ほとんどの場合、事業計画書に書かれているのは、半年後、1年後に「実現できる」範囲のことだけです。もし、計画が実現できなければ、取引先にも株主にも迷惑がかかります。そんな事態を避けるため、会社は過去のデータに基づいて、「これくらいならできるだろう」という実現性の高い、地に足のついた想定内の緻密な計画を立てるのです。

あなたの未来において、「やりたいこと」ではなく、「できそうなこと」だけを並べた計画表は必要でしょうか。

「これくらいの仕事なら、今週中にできそうだ」

「この日なら、デートできるかな」

できそうな計画ばかりを並べて、こなしたところで、今までの人生の延長線上にすぎず、変化をおこすことは到底できません。

あなたが時間のタイミングの波にのれるのは、現在にいっぱいいっぱいの状態のときではなく、やってくる未来へ意識を向けられているときだけです。

24時間という時間の枠を超え、今日と明日をつなぎ、時間の制約を外すこと。

時間のトリックを外し、未来に意識を向けること。

未来からやってくる時間をキャッチすること。

72時間手帳術の目的は、あなたの自分時間を取り戻すこと。

次の章からはいよいよ、どう実践的に手帳に書いていくかをお伝えしていきます。

第2章

72時間手帳術の書き方1
：週間スケジュールで
あなたの時間を取り戻す

「週間スケジュール」と「月間スケジュール」を使う

72時間手帳術では、「週間スケジュール」と「月間スケジュール」の二つを使います。週間・月間のページが一冊に収めてある手帳なら、市販のものを使用していただいても大丈夫です。これまで月間スケジュールのみの手帳を使っている人は、週間スケジュールをインターネットから1週間単位のカレンダーや手帳のテンプレートをダウンロード・プリントして代用してもよいです。

私は、72時間手帳術を考案してから、イメージどおりの手帳が見つからなかったので、「週間スケジュール」を自作していました（巻頭ページ）。

では、私の週間スケジュールを事例にしながら、具体的に、72時間というまったく新しい時間のフレームを創りあげていく方法をお伝えしていきます。

手帳に「繰り越し欄」をつくる

週間スケジュールのページを開いて最初にすること。「繰り越し欄」をつくること。「繰り越し欄」は、その日予定していたけれど、やりきれなかったことをメモして、明日以降にやることとして記録しておくスペースのことです。「繰り越し欄」に記入するのは、「その日、自分がしようと思ったことのうち、翌日以降に繰り越すこと」つまり未来にリベンジすることです。

あなたが使っている手帳が、日付ごとに予定欄がブロックで横に並んでいるタイプの手帳なら、１日のブロックの下部、縦に並んでいるタイプなら右端に１本の線を引く。毎日の繰り越しを書くスペースにします。

ブロックのスペースが小さすぎれば、メモ帳ページやメモ欄に書いてもＯＫ。ある

● 「繰り越し欄」「未来の予定欄」のつくり方

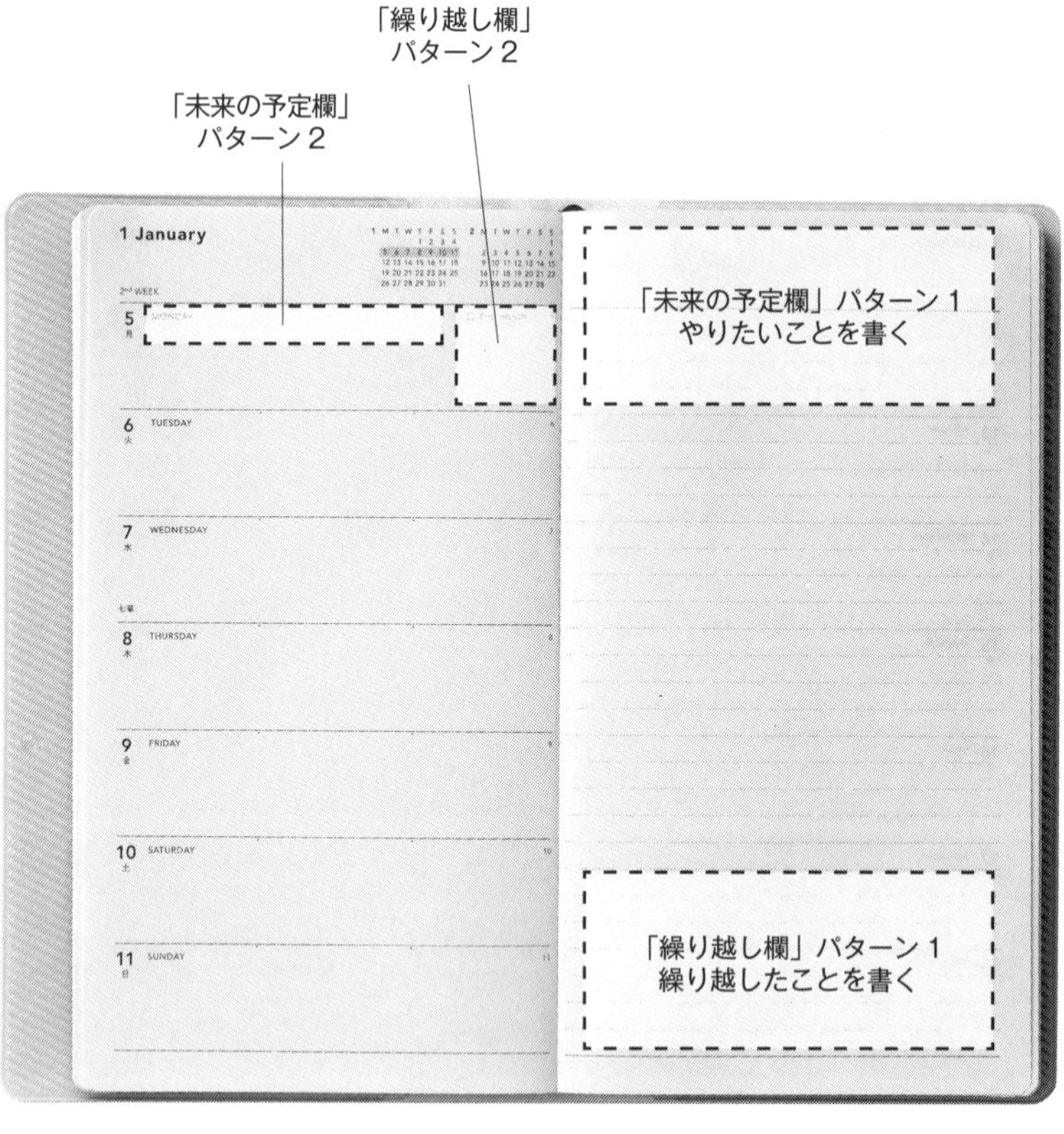

いは、左ページに日付が縦に並び、右ページにメモ用の空白ページなどがあるタイプなら、空白ページを繰り越し欄としてのページにしてもいいでしょう。

例えば仕事なら、

「今日中に書き上げようと思った報告書が、まとまらなかった」

「新しい取引先候補について、納得がいくまでリサーチできなかった」

プライベートなら、

「帰宅が遅くなって、恋人に電話したかったのにできなかった」

「今日はジムに行くと決めていたのに、やっぱり飲みに行ってしまった」

などです。

仕事でもプライベートでもかまいません。

その日やり残してしまったけれど、「リベンジしたいこと」「実現させたいこと」を、明日への申し送りとして書いておきます。

実はこの繰り越し欄は、その日その日をつなぐことになります。繰り越し欄をつくることで、縮こまった24時間のフレームを、72時間のフレームに引き伸ばすトレーニ

ングになるのです。

これにより、あなたの日常の「できっこない」という意識を「できるかも」に変えていくことができるのです。

繰り越し＝輝かしいチャレンジの証

多くの人は、繰り越し欄のように、予定が「はみ出ること」を嫌います。「はみ出すことはよくないこと」そう感じています。それゆえ、1日のうちにおさめよう、おさめようとします。

多くの人は大人になる成長過程において、親や教育者から、「言ったことはちゃんとやり遂《と》げなさい」と指摘され続け、さらに、「期限を守れないと減点」という恐怖心をうえつけられてきたからです。

真面目で責任感のある人ほど、繰り越し欄に書き込むたびに、「自分は今日もダメだった」と罪悪感を抱くのはそのせいです。

大切なのは、できなかったことや失敗からどうリカバリーするかです。上手くいくことばかりを追い求めていると、やがては不安感でいっぱいの人間になります。失敗を避けようとして、「できないこと」を最初から避けるようになります。いつしか失敗を避けるために自分の時間を使うようにさえなります。

そもそも全てが理想通りにいく人生などないし、あったとして面白みがありません。チャレンジして、思い通りにいかなかったとしても、未来はどんなときもあなたの前にやってくる。リカバリーするチャンスはいくらだってある。繰り越し欄に書かれていることは、できなかったことではないのです。この先「できる」に変えていく課題であり、あなたができないことをできるにするために「チャレンジした証」でもあるのです。

ただ、やりたいことがたくさんあって、そのうちのいくつかが24時間の枠からはみ出してしまっただけのこと。

繰り越し欄の書き込みが多いのは、自分で「これ以上はできない」といった限界を定めずに、たくさんのことをやろうとした、ということでもあるのです。それだけ積極的に時間を活用しようとしたともいえます。

一方で、繰り越してしまうことというのは、やはり無意識で避けていること。「やらされ感」＝ｈａｖｅ ｔｏの気持ちがあって、実はやりたくないと思っていることである場合も非常に多い。けれども、そういうことほど、積もり積もると、時間管理を狂わせる大きな要因になります。つまり、繰り越し欄に書かれたことは、あなたの時間管理を妨げる重要な課題そのものでもあるのです。

繰り越し欄に実際に書くことで、自分がチャレンジしていることが何であるかがわかると同時に、最もチャレンジすべき未来の課題を発見することもできます。

この繰り越し欄は、その課題を解決するための、有効なツールでもあるのです。72時間のフレームで「やると決める」ことで、あらかじめ、時間と気持ちに余裕をもたせ、なおかつ、「3日もあるのだから、きっとできる」という気持ちで明日を迎えることができる。それが、この繰り越し欄の最大の効果です。

繰り越し欄に書き出されたこと、それを見て、あなたの心にはどんな想いが湧いてくるでしょうか。

リカバリー力が逆境を救う

私はトップアスリートのメンタルトレーニングを通して、よく感じることがあります。それは、スランプのときこそ選手の潜在的な力を引き出せるということです。人間はスランプのときほど、自分と向き合い、何とか不振から抜け出そうと果敢に工夫するので、新しい練習法や新たなヒットの法則が生み出されます。そのときに人間の真の成長が起こるのです。それはあなたも同じです。繰り越したことは、いわば、ヒットが打てずに試合が終了してしまったようなもの。ある種の逆境でもある。けれどそこにこそ、あなたの成長の種があるということなのです。

プロ選手は成績が悪かろうと、何だろうと、10割10分を目指しシーズン中はフィールドに出てプレイをし続けます。ミスや成績不振、毎試合繰り越し欄に課題が山積みになります。ときに「見たくないもの」から目を背けたくなるような状況のなかで日々闘い続け、逃げ場のない状態に身を置くことだってあります。そのとき試されるのが、リカバリー力なのです。

ビジネスの現場においては、どうでしょうか。何か上手くいっていないことがあると、早々に会社側がリスク回避にあたります。それは一見、ポジティブなアプローチに見えるかもしれませんが、実際は、現状、「必要な人材、要らない人材」に振り分けているだけなのです。本人の潜在的な能力ではなく、今見えている能力のみの判断を会社側はしているのです。それでは失敗や成績不振に立ち向かうことで、引き出される潜在的な力は発揮されないまま、成長できる絶好のチャンスを奪われてしまっているようなものです。だからこそ、自分自身の手帳に書いた「繰り越し」を見逃さずに、そこに向き合うことで日々リカバリー力を磨くことが重要です。自身を成長させるきっかけとして繰り越し欄を大いに活用しましょう。

繰り越し欄は、「失敗したことリスト」ではありません。絶好のタイミングで「リカバリーするために必要なリスト」なのです。

そもそも人生に、繰り越しのような、アクシデントやハプニングはつきものです。雨が降れば、停電することだってある。予期せぬ衝撃の出会いは良くも悪くもいくらでもある。刻々と変化する環境のなかで、何でも1日のなかできれいにまとめようとするほうがむしろ無理というもの。

「人生は変化の連続で、矛盾に満ちている」

それを前提に、

「今できないことがある。じゃあ、いつやろうかな」

と、切り替えるたほうが、よほど建設的ではないでしょうか。

それゆえ繰り越しが多くても、焦ったり悩んだりしないで、

「この日のこの時間までに、リカバリーすれば大丈夫」

「こんなにチャレンジしているのだから、絶対成長できる」

と自分を信じ、「できずにいる自分」を赦してあげてほしいのです。


繰り越し欄を見ながら、自分の可能性を感じて、未来の自分に期待する。

それが週間スケジュールの目的の一つでもあるのです。

「どうしても繰り越してしまうこと」が示唆すること

繰り越し欄のなかには、

「毎日繰り越してしまうこと」

「どうしても、できないでいること」が出てきます。

「やっぱり、自分にはできない」と落ち込んだりする前に、そんなときほど、

「なぜ自分は、それをやらないでいるのか」と問いかけてみることを、ぜひやってみてください。


あなたが何度も繰り越してしまうというのは、きっとよほどそれを「やりたくな

い」のです。それをすることで、「自分にとって不都合が起こる」そう思っているのかもしれません。無自覚ではあっても、「何かを失う可能性がある」と感じている。それを無意識に察知しているから、どうしても繰り越してしまうのです。

繰り返しますが、あなたができなかったことは、チャレンジの証です。仕事や人生をこの先、スムーズに回していくための重要なヒントです。

「72時間費やしてもできないなんてダメだな」と切り捨てるのではなく、逆に興味をもって見つめてみてください。

「これだけはどうしても、いつも遅れてしまう…。なぜだろう」と感じていくことで、自分でも気づいていなかった根源的な何かが見え、思わぬ改善のきっかけをつかむことができるはずです。

繰り越し欄は、あなた自身をより深く知る大切なきっかけをくれるのです。

仕事の予定は黒、プライベートは赤、未来の予定は青

次に、いわゆる「デイリーの予定欄」の書き方をお伝えします。用意するのは赤・

青・黒のペン。私は予定変更にも柔軟に対応できるように、こすると消えるフリクションボールペンを使っています。

黒のペンで書くのは、会議の日程や締め切りなどの「やるべきこと」。おもに仕事関係の予定です。こちらは、あなたがいつも書いている普段の手帳と同じように決まりごととして記入していけば、大丈夫です。赤のペンで書くのはプライベートの予定です。

そして、青のペンであなたの「未来にやりたいこと」を2週間以上前から書き込んでいってください。私のオリジナルの週間スケジュールでは、欄外にある「未来の予定」欄に書かれた部分にあたります。手持ちのスケジュール帳に欄がないタイプのものを使用する場合は、繰り越し欄と同じように、メモ用ページなどを利用して書き込むなど工夫してみてください（46ページの図を参照）。

色を3色に使い分けるのは、書き込むときに気持ちの切り替えをするトレーニング

にもなるからです。

基本的に、「やらねばならないこと」である黒の予定は、72時間のフレーム内にやればいいと捉えます。赤や青の予定は、自分を縛らず、今日やれなかったとしても、1週間・1か月先・1年先と未来の予定に何度でも繰り越して大丈夫です。

そして、週間スケジュールが黒字の予定ばかりなら、あなたの時間が「やらねば」で埋められつつある証拠。

そんなときは意識的に赤のワクワクするプライベートの予定を入れて、バランスを整えてください。やりたいことが重なれば、黒の予定に赤の予定を並行して書いてしまいましょう。

最も重要なのは、「未来の予定」欄に書くときです。思う存分この先、自分がやりたいと思っていることを書いていってください。

例えば、

「銀座でのんびりショッピング」

「読みたかった本を読破する」

「仕事仲間と鍋パーティーをする」

プライベートな予定だけでなく、

「新しい企画を考案する」

「資料収集のために図書館を回る」

など、仕事に関わることでも、自分が実現させたいこと、やりたいことなら何でもいいです。

実現可能なことよりも、「実現できそうにないこと」。だからこそ、「やれたとしたら最高に嬉しいこと」。それを書き出すことを意識的に行うようにしてみてください。

週間スケジュールに書き込まれた予定は現実に引き戻されがちです。それに対処するために、「未来の予定」の欄はあります。

デイリー欄に書き込む、黒のペンで書いた仕事と赤のペンで書いたプライベートを、同時にワクワクする自分時間にしていくために、不可欠な欄となります。

「未来にやりたいこと」を書くとき、大切なのは、現実を度外視して「本当にやりたい」と思うことを書くこと。現実的にちょっと無理のある内容は、むしろ大歓迎。「できること」の範囲内で「したいこと」を探すのではなく、できてもできなくても、とにかくあなたが「したい」と感じること。それが本当にやりたいこと、自分のｗａｎｔだからです。このｗａｎｔが、自分の限界を拡げ、潜在能力を引き出してくれるのです。

通常のスケジュール帳には、いくら「やりたい」と思っていることでも、今は無理だなと思うことや、できるかどうかわからないようなことは書いたりしません。誰もが「できそうにないこと」を言ったり、「できもしないこと」を書いてしまうような人は、どこかでダメな人と思いこまされてきているからです。

けれども、この手帳は未来を変えていく手帳です。「なりたい自分になる」ための手帳です。「できそうなこと」ばかりを書いても、それはこれまでの自分のできる範囲のただの計画表になってしまいます。あなたのこの先の未来においての、様々な可能性を拡げていくきっかけにはなりません。

実際、結果を残したり、変革を起こす一流経営者やアスリート、世紀の発見をする研究者などに共通するのは、「できそうにないこと」を課題にして、挑戦していることです。今のあなたも、時間管理をマスターして、自分に何らかの明確な変化を起こしたいと思っているはず。それゆえ、72時間手帳術では、あえて「できそうにないこと」も手帳に書いて可視化させていきます。それが、必ず、あなたの時間管理とあなた自身の今後の人生に大きな変化をもたらすからです。

このように、やりたいことを主体的に先に決め、実際に手帳のデイリー欄に入れてしまうことで、自分時間を取り戻す感覚がつかめてきます。

72時間手帳術において最も重要なのは、あなたの未来が変わること。そのためにまずは、あなたの日常を埋めている週間スケジュールをワクワクしたものにすることです。今この瞬間のあなたのマインドがワクワクしていなければ、あなたの未来は変わりようがないのです。

週間スケジュールではまる落とし穴

新しい手帳の使い方を実践するようになると、当然、抵抗が生まれることもあります。それこそが変化を拒むメンタルブロックです。いくつかの事例とともにお伝えしていきます。

Q CASE 1 「やりたくない」から抜けられず、繰り越し続けてしまう。

私は、先日、自分で一から考えたイベント企画が通って、プロジェクト・リーダーに抜擢されました。自社のPRのために無料で地域に商品を配るというものです。しかし、プロジェクトが進むうちに、上の人たちがあれこれと介入してきて、そもそもの企画からはかけはなれた規模にふくれあがり、有料イベントとなりました。それ以来、気持ちが乗らず、一向にイベントの準備を進められず、全ての時間管理が狂ってしまっています。これで会社を辞めるわけにもいきません。どうしたら、いいのでしょうか。

A

せっかくの「やりたいこと」＝ｗａｎｔが、「やらねばならないこと」＝ｈａｖｅ ｔｏになってしまうことがあります。自分主体で動けるはずの企画が、外的要因によって主導権をとられた状態になり、すっかりやる気をなくしてしまっている。

こう発想の転換をしてはどうでしょうか。いろいろな人が介入してくるということは、それだけ、その企画に未来の可能性を見てくれているということ。皆が共感し、拡げようとしているからこそ、何かと介入してくるのです。それによって有料化したことも捉え方を変えれば、会社としての利益を生み出す重要なプロジェクトへ転換したということ。

「自分の企画に介入され、取り上げられた」と受け止めるのではなく、既にあなたの活躍の場は用意されているのですから、喜んで、「自分の目的を応援してくれる人」と捉えて、アイデアやアドバイスを受け取ってみてはどうでしょうか。そうすることで新たな目的意識が生まれ、以前にも増して「やりたい」気持ちはきっと高まってきます。時間管理もそれにともなってスムーズに回せるようになるはずです。

CASE 2

「やりたいこと」を書いても、予定を実行できない。

Q

これまで手帳にやりたいことを書くなんて、考えたこともありませんでしたが、72時間手帳術を知ってから、赤の予定を1日に1個くらいは書くようになりました。先日「金曜日は早めに帰って自炊。本格インドカレーにチャレンジ」といった予定を書き込みました。けれども、予定の日が近づいてきた水曜日には「カレー作りに必要なスパイスを買いに行く時間がない。どうしよう……」となって、気持ちが落ち込み、やりたいことが結局できませんでした。

それ以来「やりたいこと」を書くときに躊躇してしまいます。どんな気持ちで「やりたい予定」と向きあったらいいのでしょうか。

A

「手帳に書いたら必ず実行しなければ」と、自分を追い込んでしまってはいませんか。それでは、楽しいはずの「やりたいこと」も、いつの間にか「やらねば」にすり替わってしまいます。

せっかくの楽しい予定が、まるでＴｏ Ｄｏリストのようになっては、誰に命令されているわけでもないのに、自分をがんじがらめに縛ることになる。

72時間手帳は計画表ではありません。金曜日にカレーを作れなければ、別の日に繰り越せばいい。そのために繰り越し欄があるのです。

大切なのは、何にも、誰にも、自分にさえも遠慮せずに「やりたいこと」をどんどん赤で書いていくこと。ワクワク感を感じている、そのときの気分を大切に今という時間を過ごすこと。その感情記憶が、あなたのなかに眠っている、時間管理の力を引き出してくれるからです。

Q CASE 3

周囲に迷惑をかけると思うと、「やりたいこと」に時間をさけない。

少人数のチームで仕事をしています。1人が休むとチームメイトがその仕事をすることになると思うと、有給休暇どころか、代休の申請もできません。ほかのチームメイトは上手に休みを取っているので、休んでいけない理由はないのですが……。

A　休みが取れていないのは、「他人に迷惑をかけたくない」と思い、つい周りに気を遣ってしまい言い出せないから。そう思ってはいませんか。それで気分よく働けているのならいいけれど、問題はそれが本当の自分がしたいことではないということです。この場合、仮に休みを取っても、おそらくチームメイトにはそれほどの負担にはならないはず。休みを取れないのは、心のどこかで「自分がいないと、チームの仕事が回らない」もしくは、そうみんなに思ってほしいと感じている自分がいるのではないでしょうか。

この状態を脱するためには、「自分が何をしたいのか」を休みを申請する前に決めることです。近くの未来ではなく遠くの未来の予定から始めること。大切なのは、それを自分が決めることです。

CASE 4

「やりたいこと」より、「やらねばならないこと」をどうしても優先してしまう。

Q 直属の上司である課長は、どうでもいいと思える仕事を「悪いね」と言いながらも、振り分けてきます。「勘弁して」と思いながらも、「できない部下」と思われるのが怖くて、つい引き受けてしまい、やりたいことをする時間をつくれません。

A この問題を解決する最もシンプルな方法は、「上司に言われた仕事」を自分の意志で「やる」と決めてしまうこと。いわば、「やらねばならないこと」ｈａｖｅ ｔｏを「やるべきこと」ｍｕｓｔに変換してしまうのです。

そうすれば、「やらされ感」は減り、前に進むことができます。

さらに、イメージを広げて、最終的にはｍｕｓｔをｗａｎｔに変換していきましょう。例えば、もしかすると、その上司がなげかけてくる面倒な仕事が、実はあなたの弱点を補う訓練になっているかもしれません。そうしたことを発見できれば、ｍｕｓｔもｗａｎｔに変わります。そもそも、現実社会のなかで、自分が理想とする上司に巡り会える確率はそんなに高くない。職場というのは利益を上げるために活動する場です。人生のパートナーや、友人を見つける場所ではない。それなら、互いに過剰な期待をし、理想と現実の差に苦しむよりも、今いる環境であなた自身が「やりたいこと」を実現する可能性を見つける場所にした方が、毎日は楽しくなるはずです。

CASE 5

Q 自分の予定を入れる前に、他人の予定でいっぱいになる。

いつも取引先の営業担当者から、ひっきりなしに連絡が入ってきます。「新製品が出るので、試してみてください」、「話だけでも、ぜひ」など声をかけられるとついアポを入れてしまいます。おかげで、本来の仕事はいつも後回し。残業をしない日はなく、週末に休みをとるだけで精一杯。やりたいことなんてできません。

A

「いつも行きたくないイベントに無理に誘われるけど、断れない」
「人に頼まれるとNOと言えずに、やってしまう」

「ついつい他人を優先にして、自分の仕事は後回しにてしまう」

でも果たして、そのつきあいで誰が幸せになっているのでしょうか。

乗り気なく「まあいいや」という気持ちで、アポの相手とつきあっても、実際に取引まで進む案件はそれほど多くはないのではないでしょうか。もし「断ると相手に悪い。そんな罪悪感を持ちたくない」という理由でアポを入れているようなら、むしろ相手に対しても失礼です。自分の意志で入れた予定以外は、「話しを聞きたい」モードになれていないので、その時間は奪い合いになってしまい、お互いが振り回されたと感じてしまう。思い切って、約束をキャンセルし、自分と相手の時間を解放してあげてください。そうすれば、お互いの自分時間を取り戻すことができます。

嫌われることを恐れず、自分の気持ちに正直になることで、結果的にプラスの時間を生み出せるのです。

CASE 6

Q 「やりたいこと」と「やりたいこと」が、ダブルブッキングしてしまう。

久しぶりのデートの日を楽しみにしていました。でもつい先ほど、同僚から「来日中の交響楽団のコンサートにどうしても行けなくなったので、代わりに行かないか」と声をかけられました。学生の頃からその交響楽団の大ファン。今回はチケットが取れずに諦めていたのでした。しかしチケットは1枚だけ。恋人と一緒には行けません。デートをドタキャンするのも気が引けて……。どうしたらいいか、決めかねています。

A

こうした場合、よりワクワクするほうを選ぶことが大切です。

「コンサートに行きたかったのに、彼のために諦めた」

それを望んでいる人は、いったい誰なのでしょうか。

自分がどうしたらよいか決められないのは、実のところ、

「彼のためにコンサートを諦めたくない自分」の方です。

それは、恋人の優先順位を下げたことにはなりません。その気持ちをきちんと恋人

に伝えたうえで、恋人には別の日程に逢えるようリスケをお願いしましょう。どうしても行きたかったコンサートを満喫し、リベンジデートの日は、いつも以上に誠意をもって、あなたのために空けておいてくれた時間の埋め合わせを、どうぞ思う存分してあげてください。

やりたいことが重なったとき、どちらを選ぶか。「赤の予定」を入れることに慣れていれば、他人の都合ではなく、あくまで自分の意志でタイミングよくその選択ができるようになります。

週間スケジュールを使ってトレーニングをしていると、こうした事態に直面することも減り、ドタキャン自体もなくなっていきます。

CASE 7 「家族の時間」が、「自分の時間」を奪ってしまう。

Q

やりたいことがたくさんあります。仕事も頑張りたいし、旅行に食べ歩き、スキルアップのための勉強会にも参加したいし、家のリフォームも始めたい。どれも、想像するだけでワクワクすることばかりです。それでも、手帳に書き込むことができないのは、家族の予定が立て込んでいるから。カレンダーを見なくても、パートナーの出張、子どもの定期健診に予防接種、地域のイベントなど、家族の予定が目白押し。「赤の予定」を手帳のどこに書いたらいいのか、わかりません。

A

「会社や家族に時間を奪われている…」という思いを抱く人は少なくないでしょう。それらは、自分以外の誰かの都合と受け止められがちだからです。そもそも、家庭や仕事はあなたにとって必要で大切なはず。自分が主体性を持ってそれらと関わっていくことで、意外な糸口が見えてきます。「家族」が、仕事同様制約になりえるのか。自分にとって必要不可欠なことになるのかは、そこが別れ目となります。72時間手帳術で書くのは、あなたの予定です。そこにあるのは、自分の時間。まずは思い切って、家族のスケジュールは度外視して、手帳にあなたの「やりたいこと」、家族と一緒にやりたいことを、思いつくままに書いていってみてください。そうすることで、家族の時間も、自分にとっての時間になっていけば、手帳にも「赤の予定」を気兼ねなく入れられるようになります。

第3章

72時間手帳術の書き方2
：月間スケジュールで
あなたの未来を創り出す

「やりたいこと」だけを書く手帳

週間スケジュールは、時間を先取りし、未来から流れてくる時間をキャッチする感覚をつかむためのトレーニング。次は、月間スケジュールのトレーニングです。

月間スケジュールを書くうえで最も大切なポイントは、「やらねばならないこと」で埋め尽くされる前に、自分の「やりたいこと」を優先的に決めてしまうこと。そこで、週間スケジュールのときと同様に、青色のペンで「やりたいこと」を思いつくままにどんどん書いていきます。


「9月のこの辺りには、○○資格取得のための勉強スタート」

「4月の第2週のここら辺に、九州に温泉旅行」

「6月のここの週末に、サークルの同窓会」

など、日程はおおまかに決めて書いてしまって大丈夫です。

予定を入れるコツは、次の月がやって来る前にあらかじめ決めてしまうことです。半年先、1年先まで書ければベター。手帳に月間スケジュールのページがある分だけ、先の先まで思い切って書いてしまいましょう。

72時間手帳術では、「未来の予定ほど埋まっている」のです。

現実的な「やるべき」仕事の予定が、まだそれほど入っていない段階で書くほど効果的。自分の予定を入れる余地がたくさんあるからです。気持ちのうえでも、何か月も先のことであれば、まだ時間があるから「できそうだ」という余裕がもてます。また、書き込む予定が多ければ多いほど、自分の時間を前もってたくさん確保したことになります。「本当にできるかな？」などと考えこんだりしないで、楽しいスケジュールで手帳をいっぱいにしてしまいましょう。

基本的には、ここは「やりたいこと」だけを書くページ。「やらねばならない」こ

とは、とくに書く必要はありません。

次に、その「やりたいこと」を実行したときの気持ちや、実行したことで自分が得られるであろう「未来の感情」を書き込みます。

例えば「友達と会う」なら「近況を聞いて刺激を受け、ドキドキしている」、試験勉強開始なら「好調なスタート。頭にスイスイ入ってきて充実感を感じている」というように、そのとき湧き起こる「快の感情」を書き込む。

最初はちょっと気恥ずかしいかもしれませんが、手帳を見るのはあなただけなのですから、誰にも遠慮することはありません。ポジティブな気持ちを書き添えることで、イメージはより具体的になり、「絶対に実現しよう！」と、ワクワクしてきます。こうなればもう、やりたいことに向けてまっすぐに進むだけです。

月間スケジュールでは、「やりたいこと」を実現させるかどうかに重きをおかず、自分の未来の時間において「やりたいこと」がどれくらい溢れかえっているかが重要なポイントになります。

「快の感情」で記憶を定着させる

過去・現在・未来という時間のなかで、過去は既に動かしようのないことです。現在には既に「やらねば」ｈａｖｅ　ｔｏがたくさんあって、それを動かすのはなかなか大変。でも、未来なら自分が自由に決めることができます。その未来は遠ければ遠いほど、「やらねば」の意識は薄らぎ、自由度は俄然高くなります。

プロ野球をイメージしてください。選手はヒットを打つ瞬間、バッターボックスで目に見えない豪速球を絶妙なタイミングでつかみ取り、バットを振り抜きます。選手はやってきたボールを目で見てはいません。やってくる前に体が反応するのです。打つためのベストポジションにやってくる前のボール、つまり、現実ではなく、未来に意識を向けているのです。ダンスでも、音楽が聞こえてから体を動かすのでは、リズムに乗り遅れてしまいます。かっこよく踊るには、常に前乗り気味に音が聞こえる前に、体が反応することでリズムに乗れます。聞こえた音に反応するようでは、音楽に乗れていないリズム音痴の状態です。

普段の生活ですることも、これと同じ。未来の時間をキャッチするためには、それを予測して反応してゆくことで、ベストなタイミングで行動できるようになります。

そのためにまずは、自分で未来の予定を決めてしまうこと。他者に決められるより先に、自分で決めることで、未来がやってくる前に、しっかりとその時間を自分のものにしてしまう。それが、自分時間を取り戻すことへとつながるのです。

そのためには、「やりたいこと」を書くとき、頭のなかで「ボーナスが出たら、北海道に行きたいな」と条件付きで予定を書くのではなく、断定的に書くこと。

自分の手で「7月下旬に北海道旅行をする！」と手帳に書き込むことに意味があるのです。手帳に書いてあれば、この旅行は既に確定した未来として、あなたの時間に組み込まれていきます。

人間の記憶というのは、実際に起きたことと、そうでないことの区別が実は曖昧です。より強烈な感情をともなった記憶は、定着しやすく、現実の記憶でなくとも脳は勘違いし、もう既に起きているかのような体感が内側に生まれ始めます。この手帳に書かれた「快の感情」をともなう未来の記憶により、あなたの無意識が動きだし、それを再現しようとするのです。

例えば、楽しみにしていた旅行が近づいてきた頃に、仕事が入りそう……という場合があったとします。以前なら「仕事なんだから仕方がない」と、諦めていたかもしれません。でも、72時間手帳術を使い始めると、「何とかなる」と全開モードで、どっちもやれる対策をとるようになります。

時間に間に合わず、必死になり、仕事に謀殺されてしまったりするのは、未来「やりたいこと」が見えていないから。先が見えていれば、そこに向かって、仕事を前倒しで調整し、行動できるようになります。「やりたいこと」が見えたその時点で、ワクワクドキドキしてくる自分がいるはずです。「うわぁ、重なるー」と悲鳴を上げる自分と「よし、両方やりこなすぞ」という意識が倍増するからです。

そうすることであなたの自分時間は充実度を増します。そのためにあえて、「やりたいこと」をバンバン入れ込むのです。そうして、潜在的な力があなたに味方してくれるのを楽しみに待つのです。

その力を引き出す根源的なエネルギーとなるのが、「未来の感情記憶」なのです。まだ、実現していないけれど、強烈な体感が湧き起こっていれば、何としても実現させようという力が無意識に働きます。意識を未来に向けることで、人間は信じられないような力を、現実の世界で発揮できるのです。それこそが誰もがもつ潜在能力です。

「やりたいこと」を月間と週間でリンク

参考までに、私自身がどのように「やりたいこと」を書き込んでいるか、そして、それがどんな効果を生むのかについてもお伝えします。

一つめのポイントは、月間スケジュールに書いた「やりたいこと」と、週間スケジュールに青いペンで書き込む「未来の予定」とをリンクさせることです。

忙殺されがちな日常においてのエネルギーチャージを担うのが、青字の「未来の予定」。現実に落ち込みがちな週間スケジュールを、ワクワクする時間としてのりきるために設けた欄です。

週間スケジュールとなると日にちが迫っているため、目の前の状況に引っ張られ、とかく真面目に考えてしまうことで、「未来の予定」を書く瞬間に、やっぱり抵抗感が生じます。

そこで、月間スケジュールで創り出した「未来の感情記憶」が力を発揮します。

月間スケジュールでは、１年先、数か月先といったかなり先の未来の時間を扱うので、余裕をもって、ぼんやりとした気分で「やりたいこと」を自由に書くことができます。それゆえ、月間スケジュールに書いたときの気分を呼び起こしながら、現実に縛られないマインドで、週間スケジュールと向きあうことができます。

例えば、今日が１月１日なら、月間スケジュールの１月15日あたりに、既に書き込まれている「やりたいこと」を見返しながら、週間スケジュールの「未来の予定」欄に、新たに涌き起こる「やりたいこと」を書き込んでいく。

未来「やりたいこと」を、月間と週間でリンクさせるのです。

2つめのポイントは、月間スケジュールのページの端に「その月に達成したいこと」を書くスペースを設けることです。

例えば、私の月間スケジュールのある月には「本を1冊書き上げる。伝えたいことを惜しみなく注ぎ込む」と書きました。これは、目標ではなく、私自身がやりたいこと。「想い」「願い」といった心構えを書くスペースです。

1か月のスケジュールを眺めて、「今月はこんな自分で在りたい」とそのときに感じられたことを、書き留めておく。そうすることで、「やりたいこと」に対するパフォーマンスがグッと高まります。細分化して書き込まれていくことで、自らのやりたいことをより鮮明に意識することができ、一つ高い次元で統括する心の視点をもてるからです。

３つめのポイントは、月間スケジュールを繰り返し見返すことです。

月間スケジュールの先のページを見ることで、未来をイメージし、ワクワクする気持ちを再現する。そうすることで現在に在りながら、未来を意識するマインドを常に高め、維持できます。

「自分の時間は、自分次第でいかようにも生み出せる」そう思えば思うほど、誰もが自分時間を濃密なものにしていけるのです。

消しても、繰り越してもOK

月間スケジュールに「やりたいこと」を書くうえでの注意点は、「ワクワクすることしか書かない」です。

書いたときはワクワクしていた予定でも、時が経つ間に「もう、あまり魅力を感じないな」と思うようなら、消してしまってかまいません。もちろん、書き込んだこと以上にやりたいことがプラスαで思いついたときも、既に書きこんだ予定に上書きしたり、並列で予定を加筆するのもＯＫ。
自分時間を伸び縮みさせる力をつけるには、やりたいことを無制限に書き出していくクセをつけること。目一杯書き込まれた「やりたいこと」ｗａｎｔによって、早く実現させたいというエネルギーが湧き起こるからです。

週間スケジュールのリカバリー欄と同じように、繰り越すこともＯＫ。手帳を見直して、あなたが「時期を遅らせても、実現したい！」と思うなら、別のタイミングでリベンジすればよいだけ。

でももし、**「何度か繰り越しているけど、予定が近づいてくるとどうしてもやる気になれない」としたら、それは大きな気づきのサイン。その自分とじっくり向き合ってみてください。**

週間スケジュールでは、「やりたいこと」と、「やるべきこと」が混在していました。でも、月間スケジュールは１００％、「やりたいこと」だけで埋め尽くしてください。
自分の未来は、あなたが決めればいいのです。

多くの人は「未来に何ができるか」「何をするか」で仕事も人生も左右すると思っています。けれど実は、「できるか、できないか」。「するか、しないか」という「何が起きるのか」で人生の価値が決まるわけではありません。

何より大切なのは「未来に何を感じているか」ということです。人生に何が起きたとしても、微笑んでいられるマインドが人生の価値を上げてくれるのです。

未来を決めるとその瞬間、パッと視界が拡がり、人生は華やぎます。まだ何もしていないうちから、どんどん今が楽しくなってくるからです。嬉しくなって顔がニヤニヤしてしまう。それが自分時間を充実したものにするエネルギー源となる。

たとえ、人に話したら笑われるようなことでも、あなたがワクワクできるなら、そこに意味があるのです。ワクワクすればするだけ、未来を動かすエネルギーが高まっていくからです。そのためにもまず、月間スケジュールをあなたのワクワクすることでいっぱいにしてみましょう。

「本当にやりたいこと」の探し方

月間スケジュールでは、「本当にやりたいこと」を書くのですが、メンタルトレーニングが初めての人にとっては、案外この「本当にやりたいこと」を書くのは難しいことだったりします。

例えば、手帳の3か月後に、「今月から毎朝スムージーを飲む」と書いていた女性がいます。けれど、その月がだんだん近づいてきても、スムージーを毎朝飲むための準備をなかなか始められないでいました。

「ミキサーは海外もので高いし、かなり大きいので、自宅のキッチンに置いたら邪魔になる……」

「野菜やフルーツを買いに行く時間なんて取れないかもしれない」

「体にいいと聞いたけど、どれくらい効果があるのだろうか」

そんな問答をしているうちに、何だかよくわからなくなって、結局、「毎朝スムージーを飲む」という文字を手帳から消してしまったのです。

ここで大切なのは、そんな自分と向き合ってみること。

「毎朝スムージーを飲む」と一度は「やりたいこと」として書き込んだ自分に向かって、

「なぜ、自分は毎朝スムージーを飲む生活がしたいと思ったのか」

「手帳の「スムージーを飲む」という字を見るたびに、何を感じていたか」

と問いかけてみるのです。

この彼女の場合、ちょっと面倒くさいかもと感じていた自分がいました。そして、「なぜ?」という問いかけを続けるうちに、

「自作のスムージーを飲めるくらい、朝は余裕をもってゆっくりしたい」

「流行のスムージーを休日に飲めるような、優雅な生活がしたい」

といった時間的、経済的なゆとりを実は望んでいたということに気づきます。彼女はスムージーを飲みたかったわけではなく、

「スムージーを飲めるような生活をしたい」と望んでいたのです。

それゆえ、手帳に書いた「毎朝スムージーを飲むこと」自体にはいまひとつ、ワクワクする気持ちが湧かず、ミキサーを準備する気にさえなれずにいたのです。ゆとりある優雅な生活をすることが彼女の「本当にしたいこと」ｗａｎｔだったにも関わらず、問題なのは、手帳に書かれた「スムージを飲むこと」といった偽のｗａｎｔに彼女自身が気づけずに、

「どうせいつだって、自分は決めたことを実行できない……」

と感じてしまうことの方です。「本当にしたいこと」ｗａｎｔである「ゆとりある優雅な生活」それ自体を、無意識にも諦めようとしていたこと。そこに気づくことで、本当に自分が求めている時間を手に入れるために、これまで手つかずでいた思いもよらない何か必要なことを、今後見いだしていけるはずです。

彼女が「ゆとりある優雅な生活」を、自分時間から消そうとしたのは、「そんな夢みたいな時間は自分の人生にはありえない」そう思っているからです。

「夢は、ただ見るものではなく、実現するもの」。

多くの人は、夢を夢のままにして、単なる一時の憧れで終わらせようとしてしまいます。

「スムージーを毎朝飲めるほどの優雅でゆとりある生活」を憧れで終わらせなければ、今、自分にとって本当に必要なものが見えてくるはずです。

月間スケジュールを書くときは、自分がやりたいと思ったら、何を書くのも自由です。このように何気なく書き込んだ「やりたいこと」から無自覚な「本当にやりたいこと」を見いだすこともできます。あなたも自分の書き込みを見返すたびに、

「自分がワクワクしているか」

「実現したいとドキドキしているか」

それらをチェックしてみてほしいのです。

そうして心の底から「ＹＥＳ！」と言えることだけが、あなたが「本当にやりたいこと」、ｗａｎｔです。それは意外な瞬間、意外なところに潜んでいるものなのです。

月間スケジュールではまる落とし穴

ここからは「週間スケジュール」のときと同じように、月間スケジュールをいざ書

き込もうとしたときに生じがちなブロックと、その対策についてお伝えしていきます。

これまで、「夢や抱負を何度も書いたことがあるのに、なぜか叶えられない」そう思っている人にとっても、参考になるケースを集めました。

CASE 1 やりたいことを書いたのに、実現する自信がない。

Q やりたいことを想像したときに、最初に浮かんだのが「結婚したい！」。自分の手帳なのだからと、思いきって結婚式の予定を書き込みました。4年ほどつきあっている彼は一応はいるのだけれど、プロポーズもまだで、ドラマや映画を見るたびに「いつか自分も幸せな結婚をしたい」という思いを強くするのですが、現実とのギャップがありすぎて、焦る一方です。こんな状態をどう乗り切ったらいいのでしょうか。

A

「結婚は、人生を決める一大行事」と思う真面目な人ほど、タイミングを逃しがちです。まず自分自身に問いかけてほしいのは、

「なぜ、結婚したいと思っているのか」そして、

「なぜ、その人とこれまで結婚しなかったのか」です。

「長年、つき合ってきたし」

「そろそろ、適齢期も過ぎたし」という世間体を気にしているだけの可能性があります。あるいは、親や友人からのプレッシャー…。そうだとしたら、その結婚は自分の意志ではなく、他者によって決めようとしているということ。

他人の期待に応えて自分の時間を使うのは、時間を支配されることと同じです。「やりたいこと」はあくまで自分の意志で決める。それを忘れないでください。

「タイミングが合わなかった」というのであれば、どちらかが、そのタイミングを意識的にか、無意識にか、結果的に外しているということです。何か特別な事情がないにも関わらず「結婚したいのにできていない」とすると、「あなたが相手を選り好みして選んでいる」のか、「相手があなたを選びかねている」のかのどちらかです。

あなたが「本当にしたいこと」が、「今の彼との結婚」でなければ、その彼とつき

あっている以上、結婚しない1年先がやってきます。結婚に向けての行動が始まらないのは、きっかけがないのではなく、きっかけをつくろうとしていないからなのです。

実はこのような悩みは、結婚だけでなく、就職や受験など、様々なケースに当てはまります。こういった大きなイベントを目標にすると、その過程で「本当にしたいこと」を人は見失ってしまいがち。

「彼と付き合いを続けたいのか」

「今すぐ結婚がしたいのか」あなたが決めることです。あくまで自分主体で決める。それが鉄則です。彼と恋愛をしていたいのか。家族になりたいのか。結婚というイベントではなく、結婚後の未来の生活に意識を向けてみましょう。

例えば、「新婚旅行はいつ、どこに行く」、出産なら、「いつ頃産まれる」ではなく、子どもが生まれた後の家族の幸せな毎日をイメージします。「子どもとの家族旅行へ、夏休みはどこにでかけようか」とイメージを膨らませてみるのです。ちょっと「おかしな人」のように感じるかもしれないけれど、誰に見せるものでもないあなたの手帳にどんどん書いてみてください。ワクワクする体感が溢れてきますか。それを書いてもワクワクしないようなら、もしかすると未来、少なくとも今はまだ、その人との結婚はないのかもしれません。

CASE 2

Q プライベートの予定なら、書けるけれど……。

月間スケジュールでは、どんどんページを埋めていけます。最近はかなりイメージすることができるようになって、楽しみながら書けるようになってきました。

でも、手帳を見直してみたら、月間スケジュールにあるのは、プライベートの予定ばかり。仕事関係のことはひとつも書いたことがないのに気づきました。これでいいと信じたいのですが……。

A

仕事関係で「やりたいこと」を見出せないのは、仕事を自分事ではなく、「他人事」と捉えているからということがあります。

「定例会議は、やらねばならないことなので、月間スケジュールに書く必要はない」そう感じている仕事を、「やりたいこと」ｗａｎｔを実現させるための過程として必要な仕事ｍｕｓｔに変換してみる。その定例会議を自分のやりたいプロジェクトのための機会だと捉えれば、きっとやる気が湧いてきます。

会社で働いていると、どうしても「やらねば」モードで取り組んでしまいがち。けれども、月間スケジュールを使いこなすことで、今と未来をつなぐ力も高まっていきます。既にプライベートの「やりたいこと」を書き込めていることで、イマジネーション力も高まっているはず。

「やりたいこと」をどんどん書き込んでいくことで、驚くほどに仕事の「やらねば」も「やりたい」に結びつけていくことができるはずです。

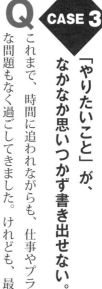

CASE 3

「やりたいこと」が、なかなか思いつかず書き出せない。

Q これまで、時間に追われながらも、仕事やプライベートにおいても、さし迫った大きな問題もなく過ごしてきました。けれども、最近何となくこのままでいいのかという不安をもちはじめています。変化を起こしたくて、週間スケジュールは何とか書けるようになったのですが、月間スケジュールは苦手で、「やりたいこと」がどうしてもスムーズに書け出せません。今の人生でいいと満足しているわけではないのに、何だか焦っています。

A これは、「変化したい」と実はまだ思いきれていない人に、起こりがちな心理状態。「変化したら、本当に幸せになれるのか」という確信がもてていないことに起因しています。

大きな変化とは、ある意味、「大変になる」ということです。それゆえ、「変化したい」と思う一方で、変化を恐れる自分も実はいるのです。変化するということは、これまでの自分の経験のフレームを越えるということ。今の仕事や生活とはまったく違ったレベルになるということです。これまでの自分の経験のなかに留まっていては「変化」は生まれようがないのです。「絶対ムリ」そう感じる自分自身の限界をつくりだしているメンタルブロックを外すことが、現状キープのメンタリティから脱け出すことにつながります。

手始めに、「これまでの人生にはないモノ」「全くできそうにもないこと」を想像してみる。1間後、1か月後にできそうなレベルのことはNGです。

例えば、「今の生活には特に不満はないけど、2週間続けて休みを取るのは無理だろう」そう思っているとしたら、「2週間の休みを取って、南の島に飛び、バカンスを楽しむ」にしてみる。あるいは、自分のライフスタイルには、これまでまったく関わりがなかった「ダンスを習い始め、来年の5月には、発表会のステージに立つ」と書いてみる。

実現できるかどうかは、さほど大きな問題ではないのです。大切なのは、「やりたいこと」の実現に向け、これまでの自分を超えられるかどうか。その勇気を創りだすトレーニングだと思って、自分の想定内から一歩足を踏み出してみましょう。それによってワクワクした感情記憶が創り出せれば、あなたの未来は必ず動き出します。

Q CASE 4 やりたいことは想像できるけど、なぜかテンションが上がらない。

思いついたらすぐに行動に移すことはできるので、バックパックを担ぎ、1人で世界各国を旅行したこともあります。1人でいろいろなワークショップに参加することも多いです。

でも月間スケジュールに書く予定はいつも、1人でできることばかり。子どもの頃に、楽しみにしていた友達との旅行の日に、病気になって行けなかったことがあって、それ以来、旅行に行くのも1人です。そう気づいて、手帳に「友人と温泉旅行」と書いてみたのですが、その日が近くになるにつれて、テンションが下がってきました。

A

72時間手帳術でメンタルブロックが外れだすと、自分に正直に向きあえるようになります。すると、自分の「やりたいこと」「やりたくないこと」「やろうと思っても、実現できないこと」など、心のなかにある様々な思いが全て、月間スケジュールに表れてきます。思い切って手帳に書いていくことで、自分の心をビジュアル化していくことができます。

この事例の場合、人間関係に悩んだ「過去の記憶」が、心のなかで実は深い傷になっていたことが表面化したのです。

「友人を巻き込んで行動するのが怖い」
「予期せぬトラブルで、人に迷惑をかけるのが嫌だ」
と思っている自分がいる。そのため、手帳に書いた友人との旅行の日が近づいてくると、メンタルブロックがかかり始め、その約束をキャンセルしたくなってしまう。

月間スケジュールに書き出した気持ちをなぞっていくと、思いがけない過去のわだかまりと向かいあうことができます。こうした感情記憶にフタをして、自分を抑えこんでいると、やがて自分を見失ってしまいます。

大切なのは、過去ではなく未来。けれど、無自覚にも過去をごまかし続けることで、人間は現在に停滞し、未来を知らず知らずのうちに、遠ざけてしまうのです。それら全てを受け止めて、未来の自分の糧にし、人生に役立てていってほしいのです。

Q CASE 5 手帳に書いても、実現する前に足踏みしてしまう。

よく周りの人から「痩せたら、もっとキレイになるね」ともう何年も言われ続けています。そこで、72時間手帳術を知ったきっかけに、一大決心し、「年末のパーティーで、7号サイズを着る」と月間スケジュールに書き込みました。

友人からは、「痩せなくても、全然いいじゃない」そう言われるたびに、何となく太っている自分に甘くなり、痩せられずにいる自分が情けなくなります。

A

ダイエットが続かなかったり、リバウンドを繰り返す人は、「未来の痩せた自分」よりも、過去「太っていた自分」や、現在「痩せられない自分」という自己イメージを強く抱いている人です。それゆえ、「痩せたい」と言いながら、実は「痩せるつもりがない」行動をするのです。

もう何年も言われ続けているとすると、実は、「痩せることを恐れている」ということが根源になっているのかもしれません。

「痩せたらもっと美人になる」と言われていて、ダイエットが成功したときに、「痩せたらきれいになると思っていたけど、たいしたことなかったね」と言われてしまったら……。そう思われるくらいなら、周りに「期待させたままにしておきたい」という思いが、無自覚にあるのです。

同じようなことが、「彼氏がほしい」、「お金がほしい」というケースにも当てはまります。それは実は自分自身が望んでいることなのか。世間が求めていることなのか。まずは、未来のページに書き出してみる。ワクワクするかどうかを感じ取ることで、それが本当のあなた自身の願いかどうかがすぐにわかるはずです。

ワクワクしないものは、「彼氏は、いた方がいい」「お金はあった方がいい」といった、あなた以外の誰かがつくりあげた概念的な何かが影響しているだけなのです。

CASE 6

Q やりたいことが、本当に小さなことばかり。

やりたいことは「できるかどうかわからない、大きなことでもいい」とのこと。けれども、なかなか想像できません。

仕事の情報交換に、「なかなか普段話す機会のない部署の同期を、飲みに誘う」、「買いたかった本を、買いに行く」といったものはダメなのでしょうか。この手帳に書くには、小さすぎる望みでしょうか。

A

「やりたいこと」は、一概に大きいか小さいかでは計れません。「月へ飛び発つ」のように大きな夢を掲げるのがいい人もいれば、そうでない人もいます。

肝心なのは、あなたのマインドがワクワクするかどうか。そのワクワクが大きければ、それだけ実現に向けてのエネルギーが強くなるのです。

どんなに小さなことでも、「やりたいこと」を実現できたら、その瞬間に涌き起こるワクワクがエネルギーになり、次の「やりたいこと」につながります。そうした感情経験が積みかさなっていけば、あなたの仕事にも人生にも、劇的な変化が訪れます。

そのためにはまず、自分の未来の予定を決めること。そして、どれだけ、その未来をイメージできるかにかかっています。

未来はあなた次第で、いくらでも、好きなように変えられる。

そのことを忘れず、月間スケジュールを思う存分、使っていってください。

ここまで、いくつかのケースを通して、「やりたいこと」ｗａｎｔの探し方、見極め方を体感的に感じてもらえるようお伝えしました。
「本気でやりたいこと」が書き出せるようになったら、それがどんなに非現実的で、実現可能な道筋の見えないレベルの難題だったとしても、それはもう既に「できる」に向けて動き出しています。

人間は、「変わりたい」そう思った瞬間、既に変わり始めているのです。

ただ、あなたは「未来にどうしたいのか」を手帳に書き込めばいいのです。
それは、自分の未来にパスを投げること。
今という場所にいながら、ワクワクしながらその機を待ち構える。
どんな人間にも未来は必ずやってくる。
あなたもそれをどうぞ楽しみにしていてください。

第4章

72時間手帳術で書き込んだ予定とのつきあい方：8つの極意

72時間手帳術は、あなたの仕事・人生そして、未来を変えるためのエネルギーを引き出す源。予定を書き込んだだけで満足してしまってはもったいないのです。予定を書き込んだ後、手帳を何度も見返すことで、あなたに紐づいた72時間の感覚はどんどん強化されていきます。書き込んだ予定とのつきあい方が上手くなると、自在に自分時間を生み出せるようになっていきます。

極意Ⅰ　夜寝る前、朝起きたときは、黄金タイム

はじめに、72時間手帳術をマスターするための基礎力を上げるトレーニングです。朝起きた瞬間や、夜寝る前のぼんやりとした意識のことを、「変性意識」といいます。このぼんやりした意識の状態が、72時間手帳術でのトレーニングにとって最適なタイミングです。目覚めた後のはっきりとした意識だとかえって効果が薄れるので、この曖昧な意識のまま行うことがポイントです。

頭がぼんやりしているとき、あなたは普段、入りたくても入っていけない無意識の領域にもっとも近づいています。このときに手帳を見返すことで、自分の決めた予定

やワクワクする気持ちを無意識に刷り込み、未来のできごとを、「すでに体験したこと」のように自然に記憶できるのです。

リラックスして手帳を開いて、敢えてちょっとボーっと月間の「やりたいこと」の書かれた予定を眺めてください。ワクワクする「快の感情」を最大限引き出して眠りにつくことで、朝の目覚めは格段に違ってきます。

「同じ景色が違って見えてくる」

そんな体感をトレーニングを続けていくと感じられていきます。普段感じられない喜びを、人生からキャッチできるようになるからです。

このようにして、夜活、寝る活、朝活といったイメージで、今日と明日を意図的につなぎ、24時間フル稼働するマインドを創りあげていきます。

極意Ⅱ　「負の感情」を「快の感情」に変換する

寝る時間、朝の時間でこの感情のイメージ・トレーニングを、手帳を見ながら行っていきましょう。1か月後の旅行をイメージするとすれば、「1か月先に旅をしている自分」をイメージして眠りにつくのです。そうすることで、未来の記憶はグングン強化されていきます。やがて、その感情記憶が、あなたの無意識を動かすようになります。

まずは、夜寝る前に、月間スケジュールを見て、未来の「やりたいこと」を思い描き、体感を湧きおこすこと。そのまま思いきり「快の感情」を引き出して、ワクワクしながら眠りについてください。そして朝起きたときもまた、微睡んだ状態で、未来の「やりたいこと」を思い描き、あたかもそれがかなった状態で涌き起こる体感に浸ってください。

五感をフル稼働し、映像化し、音や、匂い、温度や湿度といった世界感をどんどん強めていきます。鮮明なフルハイビジョン映像を、自分の内側に投影させていくイメージです。

思い描いたビジョンを想起することで、新たな「快の感情」が生まれれば、手帳に何度も重ねてプラスしていきましょう。

このようにして72時間手帳術では、日常から「快の感情」を引き出すトレーニングをすることで、どんな予定においても「不安」や「迷い」といったネガティブな感情にのみ込まれずに、関われるようになれるのです。

人間というのは、ネガティブな「負の感情」に支配されやすい生き物です。危険なことから身を守ろうとする防衛本能をもっているからです。そのため、ある物事に取りかかろうとしても、それに対して負の感情が涌き起こると、途端に「できない」と判断し、自分に限界をつくって「やらない」を選択してしまうのです。そのため敢えて「快の感情記憶」を創りだすことで、負の感情記憶に支配されないようにしておくのです。

72時間手帳術では、書いたあとの予定とのつきあい方によって、実現率が劇的に変わります。これまで、いくらビジョンを書いても、実現できなかった人のための絶好のトレーニングになります。72時間手帳術は、あなたがいつも携帯している手帳を活用することで、気負いなく、メンタルトレーニングを始めることができます。

極意Ⅲ　今日のページを、今日やろうとしない

「今日のページを今日やろうとするから、間に合わなくなる」

今日のページを今日やろうとすると、24時間のフレームにはまっていきます。そうすると、やれることが限られてしまうのです。時間管理のマスターは、1日を24時間で捉えていないので、やれることが無限に増えていくのです。

今日という日は、朝目覚めた瞬間から、もう既に始まっています。

時間オンチの人の1日は、こんなイメージです。予定に間に合わせようとすればするほど、時間が追いかけてきて、今がどんどん過去になっていく。やろうとしていたことが、やれずに1日が終わる。そんなときに手帳のスケジュールを見ても、「やるべきこと」ができていない現状に、気持ちが焦るばかり。自分の限界を感じて気持ちが滅入るだけです。

そんな状態に陥らないためには、常に手帳の2週間先のページを見て、未来に意識を向ける習慣をつけること。

週間スケジュールでは2週間先の「未来の予定」、月間スケジュールでは2か月先の、「やりたいこと」のページを見て、「未来の感情記憶」をよびおこし、自分がこの先、何をしたいのかを意識にあげておくのです。そうすることで、現実に縛られる意識を引き上げ、「何だかやれそう」という気持ちを引き出すことができるようになります。

「今日を管理しようとすればするほど、時間に管理されていく」

今日という日を改革することは難しい。変えられるのは未来だけです。想像もつかない未来だから変えられないと感じてしまうのです。あらかじめイメージすることで創りだした「未来記憶」があれば、その未来は変えられるものとして、あなたの自分時間に組み込まれていくのです。

月間スケジュールで1年先を見ながら今月の仕事をこなし、2週間先のページを見ながら、今日1日を送る。これが、時間管理のマスターたちです。今日の予定をこなそうとするあまり、今日のページに縛られている人よりも、圧倒的にスムーズに時間を管理できるようになるのです。

極意Ⅳ　予定はいつでも何度でも変更可能

「予定をいったん入れてしまうと、なかなか変更することができない」

「予定変更は避けたいので、結局、間近になるまで入れられない」

自分時間の予定にも関わらず、こうした気持ちを抱いたことはありませんか。

こうした思いは、「決めたことを実行できない自分は、ダメな人間」という概念からくるもの。そういったマインドでは、日々、自己肯定感を引き下げる連続になり、やがて、「どうせ、何をやっても満たされない」という無能感さえも抱くようになってしまいます。

「やりたいことを、やりたいときに」が、72時間手帳術の大前提。

「できそうなとき」よりも、「やりたいとき」を選ぶこと。

書き方のところでも既に言いましたが、自分で入れた予定は変更していいし、何度書き変えてもいいのです。

たとえ重なったとしても、「やりたい」と思ったら、日程をずらしたとしても、手帳の別の場所に改めて書き変えればいいだけ。

例えば「映画を見に行く」という予定でも、「見に行けそうなタイミング」をスケジュールで空いているところから探すより、「見に行きたいタイミング」がベター。「やりたいこと」が重なるときは、全部並列で入れ込むこと。「どっちも見たい」なら、どちらも書いておく。今は決められないのなら選ぶタイミングはまだ先ということです。未来の時間を仮予約しているので、後にキャンセルすればよいだけです。自分が「行きたい！」「やりたい」と思うタイミングで、未来の自分時間を選んでいく感覚です。

自分の気持ちや感覚を大切にしていくことは、直感を鍛えることにつながります。タイミングのズレを修正する、まさに時間オンチを克服するトレーニングになります。自分のしたいことが明確になって、「やりたいこと」に素直になると、逆に自分をとりまく外側のタイミングが面白いほどにあってきます。その感覚を摑むためにも、未来の「やりたいこと」を目一杯並列に書き出していってください。

極意Ⅴ　ワクワクする方を選ぶ

72時間手帳術を使いこなせるようになれば、予定は全て自分時間になっていきます。例えば、予定外の仕事を割り当てられ、残業することになったとしても、それはあくまで、あなた自身が「やる」と決めたこと。残業することで、達成できる何かをあなたは感じられているのです。決して他の誰かに「やらされている」ことではありません。

もちろん、時間の使い方を自分で決められるようになったとしても、突発的に予定が重なってしまうことは多々起こります。

例えば仕事なら、明日絶対に通したい、企画書作成と得意先の懇親会の予定が重なる可能性もあります。プライベートなら、あなたが打ち込んでいるお稽古事の時間に、友人からホームパーティーの誘いが入る、ということも。

そんなときは、迷わず「よりワクワクする」方を選びましょう。

大切なのは、あなた自身の気持ちと直感です。たとえプライベート対仕事であっても、ワクワクするなら、どちらを選ぼうと遠慮することはありません。

ワクワクする予定で72時間手帳を埋めつくしていけば手帳を開くたびに、未来を変えるためのエネルギーがどんどんチャージされてゆきます。

では逆にワクワクしない予定や、黒のペンで書き込んだ「やらねばならない予定」とはどうつきあっていけばよいのでしょうか。

ワクワクしない予定だからといって、仕事の予定を放棄してしまっては時間オンチどころか、現実逃避の確信犯になってしまいます。

「なぜ、ワクワクしないのか？」

「その予定は、自分の未来のために、何をもたらしてくれるのか？」

とその予定に向き合って、問いかけてみることです。どんな予定も捉え方を変えられれば、実はワクワクする予定に変換できるのです。

例えば「定例の企画会議」にワクワクできないでいるとすれば、

Q「明日の会議は、なぜワクワクしないのか？」

A「どうせ上司が、なんだかんだ突っ込みを入れてくるから」

Q「その定例の企画会議は、自分の未来のために何をもたらしてくれるのか？」

A「自分が入社したときからの目標である、プロジェクトの始動のチャンスを掴むための場」

そう捉えていくことで、苦痛だった定例企画会議は、ワクワクのエネルギーを引き出す予定に変わり始めます。それでもなおかつ、ワクワクに変換できない場合は、その定例企画会議そのものではなく、何かそれ以前のこれまでの経験のなかで、トラウマ的にネガティブな感情を強固に抱いている可能性があります。

そもそものマインドがニュートラルポジションになれていないと、時間感覚はやはりズレてしまいます。今現実に身をおきながら、過去の何かに囚われてしまっていると上司からも、「話をきいているのか」と言われ、何度出しても通らない企画を出してしまったりします。やがてそんな自分に腹をたてるか、自己嫌悪に陥るかのどちらかです。結果的に、正面切ってものごとに臨めなくなってしまうので、本来のパフォーマンスさえも発揮できなくなってしまうのです。

極意Ⅵ　できないことを、やろうとする

例えば、新しいワクワクするような仕事を頼まれたとき、

「今までやった経験がないし、自分にできるかな」

「大変になりそうだし、断っておいた方が良さそう」

と、迷ったり逃げ腰になったことはありませんか。

これからはぜひそんなときほど依頼を引き受けて、あなたの予定に組み込んでみてください。

72時間手帳術を使い始めたあなたは、

「自分の現状を変えたい」

「これまでの延長線のような人生では物足りない」

そう思っているはず。それなのに、「過去の自分」をベースに「未来の自分」を決めしてしまっては、トレーニングの効果も半減します。

もしあなたが、「変わりたいのに、変われていない」と現状感じているとしたら、それはあなたが、できることだけやろうとしているから。自分が管理できる範囲で、物事捉えてしまっているからです。それでは永遠に、時間に管理されたままになります。時間は管理しようとすればするほど、意識は現実に向かい、未来を見失うという「時間のトリック」にはまっていきます。実のところ、この時間のトリックに最もはまりやすいのが、時間内でできる範囲のことをやろうとする人なのです。

それゆえ、「断るのが当たり前」だと思っていたこともまずやってみましょう。

これまでの人生であなたが馴れ親しんできた旧慣習を断ち切りあなたの未来を変える絶好の機会になりえます。

「断れない」と思い込んでいたことも、「断りたい」のに「断れない」でいるのか、「断りたくない」から「断らない」とするのかで、あなたの未来は変わっていきます。

「時間がなくて無理」と思っていたイベントも、「時間がない」のではなく、「時間をつくってまで行きたくないのか」とでは全く意味が違ってきます。

あなたの自分時間だけではなく、あなた自身についても同じこと。あなたの現状は常に変化しています。72時間手帳術を使うようになれば、今までよりもっと、その変化は大きくなっていきます。未来の時間をあなた自身で動かすことになるからです。それゆえ、過去を参考にすることには、もはや何の意味もなくなっていきます。

問いかけるのは自分の未来。「この先、どうなっていたいか」に基づいて、今を決めていくマインドの持ち主こそが、時間管理のマスターであり、本当の意味で進化し続ける人間の在り方となるのです。

極意Ⅶ　人の予定を縛らない

他人の時間を奪ったりする危険は誰にでもあります。

あなたがなんとなく習慣で決めてしまっている予定が、実は他の人の時間を無自覚に奪ってしまっている可能性は多々あるのです。

例えば、恋人と何もなければ、毎週末は一緒に過ごす、と決めているカップル。「何もなければ」が前提となると当然、「何かあったら」は特例となります。そうなると「何もないこと」をよしとする意識が互いに働きます。「何もない」ことは、果たして互いにとって本当によいことなのでしょうか。

未来もずっと一緒にいたいと願うなら「何かある」を人生から見いだして、成長すべきです。自分の人生においてどれくらいの価値ある特別な週末時間が持てたのかで、大きく1年先は変わります。

まずは自分時間で「何もない」ではなく「何かある」を生み出すことです。そしてその何かを一緒にやりたいことがあるときだけの約束にして、誰と共有するのかもまた自分が決めることです。彼と一緒にしたい何かがあるときは思う存分その時間を楽しみ、それ以外のときはお互いの時間を優先させてみる。それぞれがもっと有効に自分時間を使えるようになっていくはずです。

家族の恒例行事においても同じこと。

「年末には大掃除」、「ゴールデンウィークには帰省」、「夏は旅行」など、一緒に過ごすことが、当たり前になっている人々も多くいます。

もちろん家族一緒の行事は大切ですが、どんなイベントでも、それに巻き込まれることで縛られていく人もいるはず。大掃除だから帰省だからと、がんじがらめに決める必要はありません。誰かが負担に感じたり、無理に時間をさいたりするようなら、別の時期に移すことで、各々の自分時間を取り戻すことができます。

自分のためではなく、相手のためだ、家族のためだと思っていることが、気づかないうちに、逆に誰かを縛っていることは、現実世界のなかで、実は多々あることです。

両親が心配だからと、親元を離れずに地元で就職をし、ずっと実家にいるために婚期を逃してしまったというケース。実家にいる期間が長くなればなるほど、両親も年を取り、実家を離れたくても離れられなくなってしまいます。その人自身も、都会に出て仕事をするチャンスも、まだ見ぬパートナーとの出会いのチャンスも、年とともに少なくなっていくでしょう。そしてあるとき急に、「家族のためと思っていたのに、実は家族に縛られていた。これは自分が望んだことではなかった」と気づくのです。

でも、考えてみてください。その人が早くに独立していれば、両親はもっと若く、元気なうちに、別のライフスタイルを探し、もしかしたら、今よりもずっと快適に暮らしていたかもしれません。同居していたことで、家族はその人に縛られ、チャンスを失うことになってしまったのかもしれません。

「やりたいことを、やりたいときに」

それは、あなたはもちろん、あなた以外の全ての人にとっても同じこと。

そのためにもまずは、あなたの自分時間を取り戻し、管理していくことが何より大切なのです。

極意Ⅷ　自己ベストを日々更新させる

手帳の1ページというのは、いわば人生の1ページ。

自分の作品やドラマのようなものです。かけがえのない自分の人生を、最高のドラマにするために未来の時間は在る。そう捉えていくことです。

「今日は自分至上最高の日」そう誇れる毎日をいつだって追い求めてほしいのです。

そのために日々、「やれる範囲」のことをだけをするのではなく、自己ベストを更新するような「できそうにない」何かを目指すこと。

「こんなに予定をいれてしまって大丈夫か」

「やったこともないのに、自分にできるのだろうか」

といった、自分でも半信半疑なくらい、これまでにないほどの予定を書き込んでみる。そうすることで、

「こんなに、はみ出てしまった」

「さあ、どう実現させていこうか」

と自分事でありながら、どこか他人事の自分がそこにいる感覚を発見できるはずです。それが人生を面白くするきっかけをくれる。

その「はみ出したこと」が結局、あなたのチャレンジの証になるのです。

毎日チャレンジして生きている人というのは、できないこともできるように変えようとして、自分なりの限界を超えようとしているのです。それゆえ、日常においても日々、かつてない力を発揮し、自己ベストを更新し続けるのです。

「できない」＝繰り越しがいっぱいになること自体が、その人にとって最高のワクワクになるのです。

今日「やれなかったこと」を、「できないこと」にして終わらせるか、未来「できること」に更新させ、生きていくかは、いつだって自分次第なのです。

第５章

自分の時間が見えれば、
他人の時間も見えてくる

上司と部下で時間の奪い合いになる理由

72時間手帳術をマスターすると、「自分の時間」の時間の流れを把握し、上手く活用できるようになります。その結果、「他人の時間」の流れも把握できるようになります。すると自分の時間管理はもちろん、たくさんの人が関わる仕事であっても、スマートに対応していくことができるようになります。

会社では、よく上司と部下のすれ違いで、こんなことが起こります。

「締め切りが今日までと伝えたのに、部下から報告書が出てこない」

「手一杯で期日ギリギリなのに、上司が前倒ししろと言ってきた」

「できていない」現実に意識が引き下がり、「できる」可能性を拡げられずに、お互いがお互いの時間の奪い合いをしている状態です。

自分の今すべきことだけしか見ていないと、相手が直面している問題に気づくことは到底できません。

自分自身が「やるべき業務」に忙殺されて、今という現実にひたすら向き合うことで、時間オンチのスパイラルにはまってしまう。自分の時間感覚がズレていくので、当然、相手の時間は全く見えておらず、独りよがりな被害者意識を抱いてしまう。

「相手が今、何をしていて、それにどれくらい時間を使っているのか」

「その人が最終的には、どんな「未来」に向かおうとしているのか」

といった相手の「未来」のビジョンが共有できていないから、すべてがズレ始めるるのです。

すると、悪気はないのに、なぜかいつも相手の忙しい時間に電話してしまったり、会おうと思ってもなかなか会えないといったスレ違いが起こります。そうした積み重ねの結果、伝えたはずのことが伝わってなかったりして、ズレのスパイラルから抜け出せなくなってしまいます。

お互いに、互いの時間が見えていないと、常にこのようなことが起こります。

業績不振の企業のなかには、一部の上司と部下どころか、会社全体で時間のトリックにはまり、「こんなに忙しいのに、業績が上がらない」など、時間の使い方、時間管理が上手く回っていないところが非常に多いです。

皆が忙殺されて残業が増す。社長が役員に無理をさせ、役員が管理職に無理をさせる。やがて管理職が一般社員に無理を強いるようになれば、当然のごとく社内で時間の奪い合いとなるのです。

ダメな会社がはまる時間のトリック

忙殺されている割には結果がでない人の時間感覚については、「緊急と重要のマトリックス」を使い、1章でお伝えしました。ここでは、忙しいのに業績が上がらない組織においての時間の使い方についても、「緊急と重要のマトリックス」で分析してみましょう。

「緊急ではないが重要」な仕事（A）とは、企画やアイデアといった会社の「未来の利益」を生み出すための可能性を広げていく仕事です。目には見えていない根源的な価値を高め、この先の会社にとっての「プラスαの価値」を生み出している状態にあります。

一方で、「緊急で重要」な仕事（B）とは、会社の「今現在の利益」を生み出すために必須の仕事。遅延すると損失を生み出してしまう状態です。そして「緊急だが重要ではない」仕事」（C）とは、会社の「過去が生みだした繰り越し分」を不利益にならないように食い止める仕事。損失を最小限におさめようとしている状態。

「緊急でも重要でもない」仕事（D）は、将来性のないプロジェクトや、無駄なところに経費をかけるなど、「必要性がない＝会社としては、マイナスの仕事」です。利益を全く生み出していない状態。つまり、やり続けると会社の「未来の不利益」を生みかねない仕事です。

本来なら企業は、「緊急ではないが重要」な仕事（A）を担う必然性があります。にも関わらず、忙しいのに業績の上がらない会社では、管理職などのマネージメント側の人間が「緊急で重要」な仕事（B）の対応に追われ、忙殺されているのが現状です。

さらに、業績がどん底近くまで悪化している会社では、社長自ら「緊急で重要」な仕事（B）に関わり、「今現在」に囚われ、「未来の予定＝未来のビジョン」を描けず、やがては舵取りができないまま倒産に追い込まれていきます。

社員の多くが「緊急で重要」な仕事をしているとしたら、その組織のなかに未来が見えている人がいないということ。毎日、「忙しい、忙しい」と言いながら皆が現在の業務に追われ、今に必死になればなるほど、意識は過去に向かってしまう。できないことを一人で抱え込むことで、日々のやり残しが増え続け、結局チームにとってタイムリミット間際の爆弾を投げることになる。やがて無自覚なテロリストとなる。そんな不本意で、どうにもならないスパイラルにはまり込み、逃げ出したくても逃げられないアリ地獄に落ちていくのです。

こうした現場の危機はリーダーが不在のためおこります。

本来、組織のリーダーとは、そういった逆境のなかにおいてこそ、引き下がりがちなチームの意識を引き上げる役割を担わなければいけません。


「既に手遅れのことは、切り捨てましょう」

「今必要なのは、現状維持ではない」

「何を未来に生み出せるかです」

と、皆が囚われている過去＝やり残し分を潔く切り捨てることで、意識を未来に向かわせていかなければならないのです。


サッカーチームのプレイにたとえてみると、さらにわかりやすいでしょう。

世界のトッププレイヤーは、未来にパスを出します。敵に悟られないよう、パスを出す相手を見ずにボールを蹴り出します。つまり、今現在のボールや相手のポジションを目で確認することなく、未来やってくるであろうという状況を予測して走り込み、パスを出すのです。今、そこにいる選手（＝現在）に向かってパスを出すのではなく、走り込んでくるであろう相手（＝未来）に向かってパスを出しているからこそ、ベストなタイミングを生み出せるのです。

一方、パス回しの下手な選手の場合、パスを出したところには既に敵がいて、とられてしまったりします。あるいは、せっかく、味方が走り込んでいても、走り去ったあと（＝過去）にパスを出してしまい、やっぱり敵にとられてしまう。トッププレイヤーと違い、すべてタイミングがズレているのです。

トッププレイヤーは今という現在ではなく、未来に意識を向ける。常に先回りして動くことで、相手チームの想定外のプレイで意識を逸らし、チームを勝利に導くのです。テンポよく動き回ることでリズムを創りだし、試合の流れを巧みに変えていきます。

これと同じように、会社でも優れた上司というのは、未来に向かって絶妙な間合いで、パスが出せる人です。よく上司が「部下に仕事を任せられない（＝パスを出せない）」と言うのは、「部下を信頼していないから」ではなく、自分自身の「未来が見えていない」からなのです。それゆえ、当然部下の未来を信じられるはずもなく、任せきれずに結局、土壇場に追い込まれて自分がやろうとしてしまうのです。これはまさしく、パス回しの下手な選手と同じです。

パス回しは、出す側と受け取る側の絶妙なコンビネーションが大切です。一人よがりな未来のパスでは、誰も受け取ってはくれません。せっかく自分に出されたキラーパスも、走り込むタイミングを外したらキャッチすることはできないのです。

パスを受ける側の部下の方が、上司よりも高いビジョンを持っている場合なども顕著なズレが生じます。部下の方が遠い未来を見ているのに、上司は目先の近い未来しか見えていない。上司が仕事を任せようとパスを出したタイミングに、部下はずっと先を見ていて、すでにその場から走り去ってしまっていたりするのです。

互いが別の未来を見ている以上、出されたパスは永遠に届かないのです。

このように組織においては、必ずしも上司の方が部下よりも、未来を見ているとは限らないのです。リーダーの役割の上司のマインドの状態が、今に囚われていては、思うように未来へパス出しをできず、部下は上司のその定まらないパスボールをキャッチすることになる。上司自身が自分の時間をマネージメントできない限り、部下の時間をマネージメントすることは到底できません。そして、部下の時間をマネージメントできなければ、組織をマネージメントすることはできません。組織のマネージメントができなければ、企業は拡大、発展は愚か、存続することもできないのです。

「心の時間」と「時計の時間」のズレを合わせる

「いつも時間に追われて、休まることがない」

「なぜか、上手く伝わらず、誤解を生んでしまう」

「やる気はあるのに、いつも出遅れてしまう」

こうした時間感覚のズレをあなたも感じているとしたら、時間オンチを一刻も早く克服するためのトレーニングを、日々の業務においても、実践してください。

時間感覚のズレが生じるのは、自分の「心の時間」と「時計の時間」にズレが生じていることが一番の問題です。

組織においての時間感覚のズレは、互いに見ているゴール、目指す未来のビジョンが違っているといったことで生じがちです。

タイミングが合わないと感じている相手の見ている未来のビジョンを、イマジネーションしていくことで、自分の未来のビジョンとのズレを探しあて、擦り合わせてみてください。案外、同じプロジェクトや業務を担当していても、互いの目指しているゴールや次元は各々違っているものです。その違いが見えていないから、居心地が悪いのです。最初から違う人間が集まった集合体が、一つのものに携わるわけですから、何度だって擦り合わせをしながら、互いの違いをリスペクトし合いながら進めばいいのです。

一人でできない何かを、チームによってより大きな何かに創り上げていく。ここに組織ワークの強みがあるのですから。

社長の視点で上司を見る

上司と部下の関係なら、「上司の方が擦り合わせを行うべきだろう」そう、時間オンチの人は決めつけてしまいがち。けれども、「上司が時間オンチだとしたら？」そう考えてみたことはありますか。あなたが部下で、上司とのズレに困っているのなら、一段、自分の視点を上げて、その擦り合わせをぜひあなたから試してみてください。

上司との時間感覚の擦り合わせをするには、「部下目線」ではできません。上司・部下の関係性は役職上、どうしても上司を「上のものが…」、部下を「下のものが」と呼び合うように、暗黙の上下関係というものが存在しています。けれど実際のところは、上司だからといって必ずしも四六時中、部下よりも視点が高まっているかと言えば人間である以上、それは変動します。「上司はこう在るべき」といった理想を、部下が持ちすぎて過剰な期待を抱いている組織は意外にも多いものです。役職に関わらず、上司をマネージメントする社長になったつもりで、擦り合わせてみましょう。

仮に、あなたが社長だったとしたら、その上司を実際、一人の社員としてどう扱うかという視点で、その上司と関わり、現実的な仕事の時間管理をしていくイメージです。「自分は部下なのに、なんで上司をマネージメントしなくちゃいけないんだ」と思うと、なんだか苦痛に感じるでしょうが、社長の視点で、擦り合わせていけば、未来から見ているように目線が引き上がり、ストレスもかからず解決策も見つかっていきます。

今の上司・部下といった役職においての関係というのは、その組織においての仮の姿のようなものです。単なるこれまでの過去がつくった仮の姿です。今、どういう関係かに関わらず、未来、あなたがリーダーになるかどうかはあなたが自分で決めればいいのですから、そのつもりで、社長の視点で、上司の潜在的な力を引き出せるほどのマネージメント能力をトレーニングだと思って、日々の業務において鍛えていきましょう。**多くの組織は、役職が与えられてから、それに伴った能力を育もうとします。それ自体がもう時間に追いかけられるスパイラルにはまっています。**

「上司になってから」では遅いのです。いま現実は、部下であっても上司になったあなたはリーダーとしてどう振る舞うか」いつも自分に問いかけて行動すること。それは「未来を先取りして、今を生きる」時間管理のマスターへの実践トレーニングになります。自分の管理で手一杯だったあなたが、いつしかチーム全体の時間管理を担う、真のリーダーとして活躍する日が必ずやってくるはずです。

時間の使い方で人を感動させられる

時間とは「未来がやってくる」と捉えることで、「自分のために用意された時間」と受け止められます。すると人間は未来の無限の可能性を感じとれるのです。未来の時間は全ての人にとって等しく存在しているにも関わらずその時間を無駄にしてしまう人と、活用できる人の違いがあるのはなぜなのでしょうか。「時間が過ぎ去っていく」そう捉えると人は無力感や喪失感でいっぱいになります。

「あらゆる人に、今以上の能力を発揮してほしい」

「自分が自分に感動できる人生を体現してもらいたい」

それが、私が72時間手帳術をお伝えする目的の一つでもあります。

ヒーローやレジェンドと呼ばれるような人は、その時間の扱い方に感動さえ与えてくれます。

スキージャンプの葛西紀明選手を思い出してください。

選手として肉体的に厳しいといわれる年齢を過ぎても、第一線で活躍している彼は、そうした、物理的で世間的な時間の限界に縛られずに限界を越え、自分の時間に従い能力を発揮し人々を感動させてくれます。

「現役選手で在りたい、金メダルを絶対に取りたい」

そんな強烈なｗａｎｔ「やりたいこと」の実現の為に、自分の時間をおしみなく使う。

こうした結果を残す人たちは、人が遊んでいる時間に練習したり、寝ている間に勉強したり、等しく与えられた時間のなかで、人がやらないことをする人たちです。だからこそ、その時間の使い方に対して人々からリスペクトを抱かれ、感動を生み出し、時間の価値をこの上なく高めていく生き方を魅せつけてくれるのです。

彼らは、そもそも理想を現実にして生きています。現実を現実のままにして生きてはいないのです。たとえば、通常真っ当に考えれば一定の時間内にできる範囲以上の業務を抱え込んだとき「無理、できっこない」と感じるはずです。それは「できること」の範囲内で、物事を捉えているからです。

それが1日をたとえていうと、24時間のフレームです。24時間を超えると明日になってしまう。それは何もマズいことではなく、明日という未来の時間を、今日という日に前借りしているだけであり、明後日の未来は、今日からの72時間。そう捉えることで、今日という縛りは意識の上では外すことができるのです。

「できる範囲」と「できない範囲」つまり、はみ出したキャパオーバーの業務を担うことで初めて、自分でも信じられないほどの潜在的な能力を発揮できるのです。そのための絶対条件が、規定量を超えることにチャレンジするということなのです。通常業務や、できそうな業務をこなすだけでは、潜在能力の出番はありません。

「えっ！どうやってやったんですか？」

「それって信じられない！嘘でしょう？」

と誰もが耳を疑うようなことをやってのけてしまう超人になることは、実は誰もができることにもかかわらず、手つかずでいるだけなのです。

「絶対無理かも…を面白がる」この感覚をつかみとれると、自分時間は自在に伸び縮みさせられるのです。

自分の目の前にきたことは、やれる自信があるかどうかに関わらず、全部やったらいいのです。並列に同時進行する方が結果的に、量も質も圧倒的に高めることができるということに、多くの人は気づいていないのです。

「そんなの自分には無理に決まっている」と感じるのは、今ある顕在的な能力が、自分の限界だと思っているからです。そう思ってしまうことは、潜在的な力を発揮する人生を遠ざけてしまいます。

「間に合っていなかったのに、結果、間に合ったとき」

「やってみなければわからないことが、やれてしまったとき」

「できっこないことが、できちゃったとき」に人は感動します。それを目の当たりにしたとき

「この人いったい何者なの！」

「自分って、結構凄いかも！」といった感動を生み出す。そんな奇跡のような瞬間を体験できます。

これらは時間管理のマスターであれば、日常茶飯事に起こる現実です。

「絶対時間音感」を磨く

72時間手帳術で自分の時間が見えてくると、他人の時間が見えてきます。さらには、社会全体の時間も見えてくるようになります。最終的には、時間の流れを感じとれることで、世のなかのほうが、自分の時間に合ってくる奇跡のようなことが起こり始めます。

72時間手帳術のこうした効果をさらに高めるために、実践的なトレーニング法として、私自身が日常のなかで時間をどう扱っているのかをお伝えしましょう。

私の部屋には、時計がたくさんあります。応接室やトレーニングルーム、リビングやキッチン、バスルーム、寝室までいたるところに置いていています。視界に入る場所に時計を置くことで、自分の時間の「絶対感覚」を磨くトレーニングになるからです。時計をあちこちに置くことで、私は時刻を知るために、時計を探さなくなります。時計はいつも、ぼんやりと視界に入っているので、曖昧な意識のなかで時間を感じとっているのです。そうすることで、時間の流れを内側の「心の時間」で感じながら、アポや約束の時刻から逆算して、自分時間を過ごします。

このように、部屋のあちこちの目の入る場所に時計を置くことで、心理的な時間感覚が高まっていくので、たとえ、その部屋を出ても、「自分なりの時間の流れ」を感じながら行動できるようになります。

例えばパソコンに向かい仕事をしていたとします。パソコンの画面をみていても、視界に入る位置に時計を置くことで、中断してわざわざ時計を確認しないでも、今、何時で、どのくらい時間が経過しているのか。あとどのくらい時間に余裕がもてるのかといった感覚を持ちながら仕事に集中できます。私の内側に流れている「心の時間」を「時計の時間」で擦り合せながら、時間感覚を磨いているようなイメージです。

人間というのは、結果的には体内時計のような「心の時間」で生きているのだから、早くその感覚を身につけるほうが、時間管理は得意になります。

自分にとっての1時間とか10分の感覚がどういうものなのかがわかれば、自分にとって時間を伸ばしたり、縮めたりする感覚もつかめてきます。

こうした、物理的な時間を自分なりの時間にあわせていく感覚は、よくコンサート前に音楽家が調弦して音をあわせていくのに似ています。

絶対音感を持つ音楽家は、物理的に音をあわせているというより、「自分のなかの正しい音」に楽器の物理的な音をあわせています。そうすることで、良い演奏ができます。時間にも同じことが言えます。自分の内側の時間感覚をいろいろな機会をとらえて磨き、「時計の時間」ではなく、自分の「心の時間」にあわせて行動することで、逆に現実の「時計の時間」が自分にあってくるようになり、時間を巧みに活用することができるようになれます。

この感覚があることで、私は講演などで「残り10分」と言われたときにも、時計なしでも、ぴったりと時間通りに終わらせることができます。

例えば、「あと10分」というタイミングで、本来のペース配分でいけば、あと30分は必要といった場合でも、「内容を3分の1にしないと間に合わない」とは思いません。「よしっ。パワー全開で伝えきろう」とギアを入れます。この「はみだしそう」な時間こそが、潜在能力が発揮される黄金タイムだからです。

この黄金タイムの10分では、逆にゆったり伝えていきます。伝えたい情報をぎゅっと濃密なカプセルに詰め込むイメージです。この方法は、表層意識ではなく、無意識の領域に働きかけることができるので、聴講者の行動を変えるためには非常に即効性の高いアプローチになります。

最後に目指すのは手帳を持たないこと

今、企業は業績アップのために「自由な発想ができる人材」を求め始めています。終身雇用制度に終わりを告げた現在、言われたことだけやっていては、活躍するどころか居場所すらなくなってしまいます。

自由な発想をできる人と、そうでない人の違いはどこにあるのでしょうか。

それは、時間に対する意識の差だけなのです。

自由な発想をして活躍している人とそうでない人の能力や性格に、ものすごい差があるかというと、実は決してそんなこともないのです。

例えば、自由な発想をできない人は、すぐに現実を見てしまいます。「ねばならない」意識が強く、物理次元の時計の時間を意識して、自分を管理したがるのです。

誰にコントロールされるわけでもなく、自ら物理的な時間に縛られていることに気づけずにいるだけなのです。

72時間手帳術を続ければ、自ら「未来の予定」を決め、先のビジョンが常にイメージできているマインドの状態を自然につくることができるので、現実の「時計の時間＝物理次元に縛られなくなります。意識のなかにある「心の時間＝意識の次元」で生きられるようになるので、結果として、時間の限界＝自分の限界を越えていくマインドを手にいれられるようになります。

日常のなかで、現実の時計の時間＝物理次元に囚われていると、目に見えるものに対して反応しがち。そうなるとどうしても、あとから意識が追いつこうとするので、テンポが遅くなりズレが生じます。心の世界ではなく外側の世界に囚われるからです。72時間手帳術を活用し、意識が未来に向かうようになると、その意識は物理次元のなかから目に見えないものをキャッチし始め、たくさんの情報が飛び込んでくるようになるといった逆転現象が起こり始めます。

72時間手帳術を始めると、「時間の限界に惑わされず、何でもやろう」と「やりたいこと」を書き込むことで、誰もが最初はちょっと余裕のないスケジュールを立てることになります。けれど、慣れてくるとそれにもきちんと順応できる力がついてきます。

「やりたいこと」をやるために、「明日のこの時間が空いているから、ここに予定を入れよう」という考えから、「明日のこの時間を空けるために、今、これをやってしまおう」という感覚で動けるようになれたら、しめたものです。

こうなると、何もかもが嚙み合わなかった日常が、全て自分のためにあって、自分のしたいことのための時間が未来からやってくるように感じられ始めます。

いざ、「見えない未来を決め、『やりたいこと』をやろう」と思ったとしても、現実を生きる通常のマインドでは難しい。だからこそ、この72時間手帳術は、「普通に、まっとうに生きているがゆえにやれていない」というあなたの現実そのものに向き合うことから始めていきます。普通に社会人として仕事をしていれば、「やらなければいけないことからやろうとする」まっとうな心理があります。けれど敢えて、それを外すことで逆に上手くいくという真実を、私はこの方法でお伝えしたいのです。

最終的には、手帳を持ったり、見なくても、自分の未来の予定がいつも見えている自分になること。思い通りに未来の時間を動かせるマインドを手に入れるのが、この72時間手帳術の真の目的です。そうなる日が来ることを楽しみに、日々実践することであなたなりの時間感覚をどうぞつかみとってください。

おわりに

あなたの72時間を手帳で管理すれば、人生は劇的に変わる

遠い未来より近い未来の方が、実は時間管理は難しい——。

「1年先は変えられるか」と問われると、「変えたい」と答える人も、「明日を変えられるか」と問われると、「変えられない」と答えてしまう。

72時間手帳術の72時間というのは、1年365日の1/121の最小単位。

1年先という、遠い未来の時間のうちの最小単位72時間をあなたの手帳で管理することで、あなたの1年先を変えていきます。その1/121の最小単位の積み重ねが、1年先、10年先、最終的にはあなたの一生をつくりあげていくことになります。

72時間手帳術でトレーニングを始めてすぐには、思うようにできないという壁にぶつかることがあるかもしれません。けれども、トレーニングというのは、できないことをできるようにするためのものです。いますぐに結果が出なくても大丈夫。とかく真面目な人ほど、先の結果を求めすぎるあまり、現実の自分を置き去りにして、無自覚な現実逃避になりがちです。諦めないでやり続けることで、結果というのは必ずあとからついてきます。なぜなら、できない目標、やったことのない目標を設定することで、あなたの潜在能力は引き出されるからです。

そもそも、時間を管理するためだけに、私はこの手帳術を伝えるつもりはありません。自らのマインドをマネージメントするために、活用していただきたいのです。

マインドをマネージメントすれば、人生のマネージメントは楽にできるようになれるからです。大切なあなたの時間を「できない」という意識の連続のためにどうか無駄に使わないでほしい。

人間にとっては、1年先の未来を変えることより、今日1日を変えようとすることのほうがずっと難しいのです。

例えば、いま東京にいるのに、「今日これから、ニューヨークに行け」と言われても、様々な物理的制約がかかってしまう。すると、極端にその時間内で「できること」が減るので「できない」ブロックがかかり、「無理です」となってしまう。

でも、「3日以内にニューヨークに行け」と言われたら、できることが増えるので、行ける可能性は高まり、「できる」と思えることで「わかりました」となります。

72時間手帳術は、この24時間のフレームを外し3日という近い未来を管理し、誰もがはまりやすい時間のトリックから、脱却するための実践的なトレーニングになります。

先日、私が毎月主宰している「マインド塾」で、私のトレーニングを4年ほど受講している塾生が、入りたての塾生を前にこんなことを話しているのを耳にしました。

「騙されたと思って、やり続けてみてください。自分が限界かなと思ったら、それがブロックなんです。僕らは、そこそこでやることに慣れてきただけなんです。もっとその先があるんだってことを、僕はトレーニングを続けて気づけたから。やってみないとわからないのに、やる前からみんな諦めてしまう。僕もここにくるまではそうでした。でも続けていなかったらそれもわからないまま、人生を送ってしまう。だからあなたもきっとその先の未来がきたとき、ああこのことなんだなって感じられると思うから。自分を信じ続けることの難しさって口では上手く言えないけど、諦めない気持ちで毎日実践していくと結構人生変えられるものですよ」

この塾生の言葉には力がありました。彼がトレーニングを実践するなかで、つかみ取った何かを目の前の人間の未来に語りかけていたからです。

まさに本書でお伝えした、「自分の時間が見えるようになると、他人の時間も見えてくる」ということを体現してくれた1シーンでした。

過ぎてみないと気づけないことが、人間にはたくさんあります。過去の経験をもとに少しずつの変化を待ち望む人生もあるのかもしれません。

けれど、私はこれまでメンタルトレーニングを通して伝え続けてきたのは、人生は劇的にしか変わらないということです。

「人生を変えたい」、「今以上の力を発揮したい」そう願う人々が、自らのマインドにパラダイムシフトを起こし、昨日がつくり出した過去ではなく、明日をつくり出していける未来の時間を、自在に変えていけるマインドを創り上げていきたい。そう思っています。

人生という長いスパン、この先の人生をマネージメントすること。

そのために、未来の1年があって、未来の72時間があって、未来の24時間、そして1分があるという、そういう生き方をしていくということを、どうぞこの手帳術で実現させていってください。

多くのビジネスパーソンが追われているのは、会社の時間だったり、自分以外の誰かのために使う時間です。自分のためにある時間であるにも関わらず、自分で管理できないものになっていく。

「自分は何のためにここにいるのか。何のために生きるのか」

そういった人生の根源的な何かを、見失いそうになるのは、「自分には無理だ。どうにもできない」

そんな「無力感」を抱いてしまうから。

あなたあっての人生であるはずが、いつしか限られた時間の制約に押しやられ、自分の居場所さえわからなくなっていく。

日々のスケジュールを自分で管理できない状態にあるというのは、永遠に思うがままの人生を手に入れられないことにつながってしまいます。

これまで、時間に管理されていたあなたから、時間を管理していくあなたになる。

タイミングよくことをこなし、やりたかったことを思う存分に満喫している、「新しい自分」に出逢えることを楽しみに、72時間手帳術をどうぞ実践してみてください。

結局、時間なんていうものは時計の針がさす時刻。それ自体に価値などなくて、一人の人間が自らの人生を刻む時間のうちに、どんな価値を創り出していけるか。ただそれだけなのです。

私達に与えられた生命という限りある時間をどうまっとうするのかという、こだわりと美意識を持ち続けること。無自覚にかかる時間のトリックを外し、抵抗し続けるということ。

肉体においても、物理世界においては必ず限界というのがやって来る。そのとき、人間の可能性の限界を超えさせてくれるのがマインドであり潜在能力なのです。

自分の限界をいかにして超えていくか、その制約の中で、どう結果や達成感を生み出していけるのか。それを私達はいつだって試されている。

「自分がどう生きるのか。何を未来、実現させたいのか」

まずは、それを手帳という紙の上で決めることです。

意志決定した人間は圧倒的な力を発揮する。


今ここにいても、意識はいつだって、世界に向けることはできる。

あなたが存在している「今」という時間も、意識ひとつで世界を動かす流れのひとつに組み込まれていく。

一人一人の意識を変えることが、本当の意味で社会を変えることになるのです。

社会のために、人のために何かしたいと思う前に、あなたがあなたのために何をするか。

「自分のために時間をどう使うのか」

そこに本気で取り組んでみてください。


あなたの1時間先、1年先の価値を高め続ければ、あなたをとりまく世界は驚くほどに変わり始めます。その感覚をどうぞ一刻も早く、あなたの人生で感じとれることを願っています。

2015年1月吉日　久瑠あさ美

■著者

久瑠 あさ美 (Asami Kuru)

メンタルトレーナー

東京・渋谷のメンタルルーム「ff Mental Room」

(フォルテッシモメンタルルーム)代表。

日本芸術療法学会会員。日本産業カウンセリング学会会員、日本心理学会認定心理士。心療内科の心理カウンセラーとしての勤務後、トップアスリートのメンタルトレーニングに積極的に取り組み、注目を集める。各界アーティスト、企業経営者、ビジネスパーソンなど個人向けのメンタルトレーニングの他、毎月、心を創る〈マインド塾〉や〈メンタルトレーナー養成塾〉〈春・秋3日間研修〜時間術〉を主宰している。

クライアント実績はのべ1万8千人を超える。

企業や自治体への講演活動や人材教育、リーダーシップ研修など活動は多岐にわたる。

児童向け講座、慶應義塾大学での講義など次世代育成にも力を注ぐ。

雑誌・テレビ・ラジオなどメディア出演も多数。

著書は『人生が劇的に変わるマインドの法則』(日本文芸社)、『自分を超える勇気 "魔物"に打ち勝つメンタル術』(ベストセラーズ)など多数。

◆ ff Mental Room ホームページ　http://ffmental.net/
〔トップページから無料メルマガ登録でメッセージ動画視聴可〕

◆久瑠あさ美のメンタル・ブログ　http://blog.livedoor.jp/kuruasami/

72時間をあなたの手帳で管理すれば、仕事は劇的にうまくいく

2015年1月27日　第1版第1刷

著　者　久瑠 あさ美
発行者　高畠 知子
発　行　日経BP社
発　売　日経BPマーケティング
〒108-8646　東京都港区白金1-17-3
電話　03-6811-8650（編集）
03-6811-8200（営業）
http://ec.nikkeibp.co.jp/
装　丁　渡邊 民人（TYPEFACE）
制　作　アーティザンカンパニー
印刷・製本　中央精版印刷株式会社
プロフィール写真協力　ゴルフダイジェスト社
編集協力　市原 淳子
編　集　三木 いずみ

ISBN 978-4-8222-5069-0